世纪波
Century Wave

第2版

销售就是一场演说

规避九大错误 让客户买单

[美]泰瑞 · L · 舍丁（Terri L.Sjodin） 著
王成慧 李晓昕 译

New Sales Speak

The 9 Biggest Sales Presentation Mistakes and How to Avoid Them

(Second Edition)

電子工業出版社
Publishing House of Electronics Industry
北京 · BEIJING

Terri L. Sjodin: New Sales Speak: The 9 Biggest Sales Presentation Mistakes and How to Avoid Them Second Edition
ISBN: 978-0471755654

版权贸易合同登记号　图字：01-2014-5775

图书在版编目（CIP）数据

销售就是一场演说：规避九大错误 让客户买单：第2版 /（美）舍丁（Sjodin,T.L.）著；王成慧，李晓昕译. —北京：电子工业出版社，2016.5

书名原文：New Sales Speak: The 9 Biggest Sales Presentation Mistakes and How to Avoid Them, Second Edition

ISBN 978-7-121-28317-8

Ⅰ. ①销… Ⅱ. ①舍… ②王… ③李… Ⅲ. ①销售－语言艺术 Ⅳ. ①F713.3

中国版本图书馆 CIP 数据核字(2016)第 048898 号

责任编辑：刘淑敏
印　　刷：三河市双峰印刷装订有限公司
装　　订：三河市双峰印刷装订有限公司
出版发行：电子工业出版社
　　　　　北京市海淀区万寿路 173 信箱　　邮编 100036
开　　本：720×1000　1/16　印张：13.75　字数：217 千字
版　　次：2016 年 5 月第 1 版
印　　次：2016 年 5 月第 1 次印刷
定　　价：46.00 元

凡所购买电子工业出版社图书有缺损问题，请向购买书店调换。若书店售缺，请与本社发行部联系，联系及邮购电话：（010）88254888，88258888。

质量投诉请发邮件至 zlts@phei.com.cn，盗版侵权举报请发邮件至 dbqq@phei.com.cn。

本书咨询联系方式：（010）88254199，sjb@phei.com.cn。

译者序

人生无时不在演说。从我们学会说话那一刻起，我们每个人其实都在不断地面向各类人，为了各种目的，进行或长或短或大或小或主动或被迫的演说。孩童时，我们可能用不太流利不太准确的话语，磕磕巴巴地来说服爸爸妈妈给我们买一个自己心仪的玩具；少年时，我们可能会举出各种理由，做出各种保证，来说服爸爸妈妈同意我们和小伙伴们结伴出游；上学时，我们要发出呼吁，号召大家参加各种集体活动，要发表演讲竞选班干部；毕业求职时，我们要向面试官展示出自己的优势和特色，表明自己能为组织贡献什么，阐述为什么自己是招聘岗位的最合适人选以赢得入职机会。等到进入公司工作，我们要进行的演说更多了：我们要向潜在客户进行推销，说服他们认可自己、认可自己的产品、认可自己所在公司；要向团队成员进行演说，激励大家行动起来，努力完成年度目标；要向上级主管演说，力争他们对自己团队的项目在年度立项上、资金预算上和人员配备上给予支持；要向金融机构准备材料进行演说，争取对方给予投资融资支持……即便你决定创业，也需要积极劝说合作伙伴加入创业团队，更要阐述创业理念和商业模式，积极游说风险投资商予以投资。

人生无处不在演说。不管你身处何种行业，从事什么职业，也不管你是什么身份，何种角色，你都离不开演说。外交官们在外交场合博学强辩、用词考究、逻辑缜密、答辩精巧、以理服人，就是在为了维系国家利益，争取国际社会的理解和支持而演说；一个政治候选人向大众展示施政理念，就是要获得选民的选票支持；作为企业人士，你要向各个利益相关者演说以求得合作；作为非营利组织人员，你要向大众演说争取他们的支持，需要向公司演说以募集善款；作为学校职员，你要向家长及学子们演说，吸引他们报考你的学校，你要向各个用人单位演说，呼吁他们接受你的毕业生，你还可能需要向各界发起助学募捐倡议……即便个人生活中，我们也无时无刻不在演说。作为恋人，你需要向自己暗恋的对象表白，需要通过“花言巧语、甜言蜜语”式的演说来征服对方；作为毛头小伙子登门提亲，更需要动之以情、晓之以理说服未来的岳父、岳母认可这门婚事；作为夫妻，你可能为了家庭建设的某个决策、某项购买，也要有理、有据、有情地说服另一半同意自己的建议；作为父母，你需要平心静气谆谆教诲；自己的孩子该做什么不该做什么……这一切，其实都是一个演说过程，都是一个说服过程。

演说是人生中一个不可或缺的组成部分。缺少了它，就像人不再说话、不再交流一样，简直不可想象人生会是什么样子。

没错，我们需要演说。但我们会演说吗？扪心自问，我们在演说过程中是不是犯过这样一些错误呢？比如，没有准备就临时发挥；信口开河言不及义；开口万言离题千里；缺乏证据漏洞百出；离了工具不会说话；语言絮叨让人生厌；指手画脚仪态不当；等等。甚至可以说，有些错误我们现在仍然在犯着。那么，为什么会犯这样的错误？应该怎样改正和规避这些错误？按照何种规则进行演说才能达到效果？什么样的演说才动人心弦、令人难忘？这一系列问题，正是本书所探讨所阐释的。作者泰瑞·L·舍丁在书中列举并系统分析了我们的日常演说，特别是在销售演说中所犯的九大错误，并告诉我们怎样才能规避这些错误，怎样才能打造一个精彩的有说服力的演说。

聆听一次精彩绝伦的演说就是一场艺术享受，让人如饮琼浆，如痴如醉。我们叹服一些伟大人物的演说，甚至能一字不差地背诵出他们的演说词：亚伯拉罕·林肯的葛底斯堡演说名垂青史，声震寰宇；丘吉尔的《热血、汗水和眼泪》激情澎湃，动人心弦；马丁·路德·金的《我有一个梦想》传颂千古、光芒四射；而我们的开国领袖毛泽东主席的演说更是精彩绝伦，信手拈来的话题，深入浅出的阐释，高屋建瓴的结论，或嬉笑怒骂、当头棒喝，或循循善诱、通俗易懂，柔软、绵长，抑扬顿挫、韵味十足。那么，作为芸芸众生，我们是否也能做出精彩动人的演说呢？本书作者泰瑞·L·舍丁明确告诉我们，这是完全可以做到的。精彩演说是认真准备并按照一定规则精心打造的结果。只要通过学习和训练，只要能够克服演说中的一些误区和错误，成为一个成功的或者出色的演说者并不是什么不可企及的梦想，我们每个人都可以呈现出一个逻辑清晰、内容丰富、特色鲜明、令人难忘的演说。

本书不但内容丰富、理论翔实，而且视角独特，并运用了大量的案例，层次分明，层层深入，体现了作者独特的匠心。不论是管理学专业的学生，还是企业经营研究者和销售实践者，本书提供的真知灼见和大量实例都能为他们阔清思路提供帮助。

本书翻译工作由王成慧、李晓昕共同完成，具体分工是：王成慧（前言、序、引言与导论，第 1～2 章，第 5～10 章），李晓昕（第 3～4 章，第 11～15 章）。北京第二外国语学院的研究生担任了部分文稿的初译和资料提供工作，分别是：王珊珊、郭瑞、宋艳静、朱云、张宝山、刘姿含、孟程燕、方炎。对他们的工作，在此表示感谢。最后由王成慧统一修改和统稿。本书的翻译也得到了“北京市教学名师专项研究”项目和“北京第二外国语学院市场营销示范专业建设”项目的联合资助，北京第二外国语学院科研处、教务处、研究生处，以及国际商学院为本书的完成提供了便利条件，在此一并致谢。

由于译者水平有限，译文中难免存在一些错误与疏漏，敬请广大读者批评指正。

王成慧
北京第二外国语学院现代服务企业经营管理研究中心

序

对一个人而言，如果有一点是确信无疑的，那就是我们每个人身上都有着超乎想象的潜力。但同样很清楚的是，我们中的大多数人即使在迈上职业生涯和个人生活成功之巅的那一刻，也很少能意识到这种潜力。这或许是因为我们没有明确目标，或许是因为没有制定必要步骤。我经常问自己，如果有更多人能及早挖掘出他们的潜力，世界将变成什么样子？就像"心灵鸡汤"系列一样，我们的目标是让人们认识自己的潜力，激励他们走向成功。

要想实现目标，给予激励很重要，而提供发挥出个人潜力的必要方法和技巧同样重要。正因如此，当泰瑞告诉我，她准备将这本融合公开演说与专业销售技能的成功之作进行再版时，我也想借此修订和更新序言。正如我在《销售就是一场演说》第1版序言中所说，这本书很容易被视为"心灵鸡汤"系列的姊妹篇，因为它向我们阐释了如何才能真正实现伟大梦想，而第2版更加真实。该书给我们提供了一个如何才能真正实现梦想的蓝本，告诉我们如何提出具有说服力的观点，以及如何表述；该书让我们认识到，为了实现梦想，必须时刻做好准备。全书洋溢着泰瑞的聪慧睿智，这会帮助你到达理想的彼岸。对于那些受到鼓舞想实现更多人生目标的人来说，《销售就是一场演说》第2版不啻为一本教给我们如何展现自己才能并实现目标的指导手册。

在第2版中，泰瑞特别设计了一种所谓"电梯演说"的方法，也就是通过一个简短的展示，使我们有机会与客户进一步深入交流。掌握一套有效的"电梯演说"技巧是非常重要的，因为如今的客户只想听他最关注的内容，不可能有太多时间顾及其余，即便这些东西本来是他邀请我们来展示的。

当鲍勃·艾伦和我把《破解百万富翁的密码：开启财富的钥匙》（*Creacking the Millionaire Code: key to Englighened Wealth*）的书稿交给出版商的时候，我们就意识到，虽然我们以前出书曾获成功，但出版公司当年计划出版 400 本书，我们的只是其中之一而已。要想在众多出版选题中脱颖而出，我们必须紧紧抓住编辑和销售员，因为他们有办法让这本书增大销量。当然这本书后来也确实创造了畅销纪录，但当时我们面临的挑战是，他们要求用很短的时间来阐述我们的观点。我们花了 3 周时间制作相关演示内容，但是演说时间却仅有 3 分钟，我们只好集中讲述这本书的愿景。这是一张正确的入场券，因为 3 分钟的“电梯演说”之后，他们应我们的要求又召开了一个后续谈论会，而且是出版公司埋单。

我个人认为每个人都应该学会设计一套有说服力的“电梯演说”方案，并用自己的风格演示出来，因为我们每个人其实都在从事着一些销售活动。无论是医生、律师还是牙科大夫，每天都在进行自我推销或服务推销。掌握良好的销售技能能够增强自信心和自尊心，能够提升积极的自我形象，而这些恰恰是我们一生都需要的。人际关系和交流是人生的两件大事。如果能把握它们，生活航船就会一帆风顺；如果把握不住，你便要花费更多的时间解决接踵而来的问题。而本书为我们提供了一套开发这两大能力的工具。

泰瑞在本书中阐明了销售和演说两者之间的重要关系。当你发表演说时，能触及人的内心深处，能激发其真正潜力。懂得如何演说和销售，能让我们获得无穷的力量。将两者融会贯通，我们就能够成功游说那些举足轻重的人物，并获取他们的支持。

不断变化的世界给我们提出了前所未有的要求。我们必须关注并发掘每个人的潜力。以往的成功已成为过去，我们未来需要做的事情将更多更艰巨。不管以前取得什么成就，我们总要面临更奇思妙想的创意、更远大宏伟的目标，以及更具影响力的团队伙伴。放眼世界，我们要做的事情太多了。要想实现自己的想法，关键是要学会营销自己，这样我们才能整合资源，去建设一个更美好的无愧于子孙后代的世界。

马克·维克多·汉森

前言

自从 5 年前《销售就是一场演说》第 1 版面世以来，我评估过数百人通过各种方式发表的演说。由于在过去几年中，市场形势已经发生了变化，因此第 2 版在保留了大量有关说服性演说技能内容的同时，也有必要与时俱进，对相应内容予以更新，以满足现在读者的需要。

第 2 版新增加了一章，主要是阐释演说如何才能一开口便引人入胜，就是要解决“怎样入门”这样一个老问题。该章详细说明了开发和运用“电梯演说”的方法，也就是怎样通过两三分钟的简短演示，吊足听众的胃口，从而创造一个能够继续展示自己的机会。我希望大家读完之后能有一种仅此一章就物有所值的感觉。

我们需要面对的另一个问题是，文本式的 PPT 演示通常非常单调枯燥。但人们仍然大多依赖“跟我读”式的彩色幻灯片，而没有把精力放在如何准备一个能够说服听众的演说上面。我们对这种演示已经习以为常了，因为大家都是这么干的。《销售就是一场演说》第 2 版打破了这种习惯性思维，向读者展示怎样才能保持自己的演说风格，怎样才能使听众聚精会神。

本书第 14 章，向读者介绍了一些个人是如何运用演说说服别人的精彩故事、工具、技巧和访谈，对这些事例读者本人也可能亲身经历过。我希望通过分享这些事例，用一种简单易懂的方式，来提高大家的学习兴趣，鼓励大家积极创造演说机会并乐在其中。

正如吉姆·卡斯卡特在其《橡果原则》(*The Acorn Principle*) 一书中所说：“人们有能力去塑造、改变或适应每天的生活环境。我们的生活其实就是由日复一日的所作所为构成的。每个人都能以自己独特的方式让生活变得更美好。”

正是这种信念，驱使我要帮助人们培育沟通和演说技能，从而改变和适应环境。一旦掌握了这些技能，你便能信心十足，及时抓住生活中遇到的特殊机会，得到最佳结果。当你越来越自信时，就能为自己创造更多机会，并且不断取得累累硕果。我衷心希望大家的自信能够持之以恒，出类拔萃，远近闻名。

目录

导论

聪明者能以史为鉴。

——普布利乌斯·西鲁斯

为什么本书适合所有人而不仅仅是销售人员

如果你和多数商界及职场人员一样，不断寻找机会追求自己的职业发展和收入增加。即便你已经规划好了人生目标，但却常常不知道如何实现目标。即便你已经步入薪水年年稳步增长的职业正轨，但不知道提升职位或者变换工作会带来更多收入。即便你有超群技能，但是也可能会被水平不如你的人捷足先登。抓住机会与错失机会的区别通常在于推销自我和自己思想的能力。

销售高手是练就的，不是天生的

最好的销售员总是具有极强的说服技能。然而，这种技能不是上苍赐予的独门绝技，也就是说，销售专家是后天练就的而不是天生的！“他能把冰块卖给爱斯基摩人”，“她能说服鸟儿离开大树”，人们常用这些话来形容最具天赋的销售员的成就。销售天赋也是训练出来的，是一系列需要不断练习才能具备的技能。同样，演说高手也不是天生的，而是后天练就的！

其实稍加练习，你就能发表真正不同凡响的演说。尽管我们每个人的天赋不同，但说话能力是一种可以习得的技能。所以你不要担心自己是否具备这个能力，只要学习，就能掌握！

《销售就是一场演说》一书主要讲述在当今竞争激烈的市场环境中如何进行演示与销售。我们将梳理出人们在销售演说时最常见的错误，不仅指出其错在何处，而且会给出一个最有效的卓越演说的设计和发布方案。告诉你应该采用什么样的信息，以及怎样用一种适时且有趣的方式来传递这些信息。你的演说越有趣，听众吸收的信息就越多，他们按你所说采取行动的概率就越大。《销售就是一场演说》第 2 版会明确告诉你应该如何运用一些新技巧为自己创造无限机会。

行与不行，原因何在

本书既面向商业和职业人士，也有助于销售领域相关人员。它介绍了一些关于销售技能的基本知识。具有讽刺意味的是，很多专业销售人员掌握了比他们自己或顾客想知道的更多的产品信息，但是他们在进入这个领域之前却几乎没有经过演说技能培训。公司给他们的培训，通常是用视频或者其他多媒体方式，简单介绍一下公司建立和扩张的过程，并演示一下如何完成一个订单。培训也就只到这种程度，至于他们行与不行，则听天由命吧！

管理者经常在他们有问题的时候才来找我。由于我们的教育体系的明显缺陷，导致大部分学生在毕业时并没有具备自我推销能力，更不用说推销产品或服务了。因此也就不奇怪，一个销售团队即便对产品非常熟悉，但仍然缺乏向客户沟通信息进而促使他们购买的自信！

设计一个有说服力的方案

对于专业销售人员而言，解决之道就是学习如何设计一个有说服力的方案。你必须对这个方案了然于胸，并能精神饱满、激情洋溢、创造性地及时完成销售。本书讲的就是如何培养和运用技巧，从而使我们把握住机会。这些技巧是最基本的销售艺术的精华。如果你已经学会走路，那就做好准备，要学习怎样才能像冠军一样跑步。本书将教你怎样才能操控自如、更加自信、更具特性和更加有效地进行演说和展示。

无论你是公司管理者、教师，还是社团志愿者，无论是针对个人、小组还是大群体，只要你需要发表演说，就能从本书中有所受益。谁都想知道怎样才能更有效地推销自己的观点，从本书中你会找到更多答案。对于那些珍视职业、认识到善于沟通是一条重要升职路径的人而言，《销售就是一场演说》更是无价的资源。有效的公共演说是每个现代管理人员的基本手段。

本书与众不同之处

据我所知，没有人会将学术环境中的辩论规则运用到销售环境中。而本书的独特之处在于集中在说服上。一般的信息性演说与说服性演说有巨大的不同。关于公共演说及销售之类的书非常多。教导你应该说什么的书也不少。本书是教你怎样才能讲得更具说服力，教你怎样才能像一个辩论家那样谙习公开演讲技巧，并将这些技巧运用到具体的销售演说中去。说服性公开演说是一种通过运用大量信息，有效引导听众付诸行动的能力。

向大家指出什么是不能做的，不啻为一种传授有效演说规则的最佳方法。下面列出了销售人员在演说时最可能犯的九大错误，本书将阐述规避这些错误的方法。这些错误是：

1．临场发挥；

2．信息量太大说服性太差；

3．时间分配不合理；

4．支撑材料不充分；

5．不能达成交易；

6．太过无聊；

7．过度依赖视觉辅助；

8．肢体语言不当；

9．着装不得体。

在本书最后一章，将为大家提供进行“电梯演说”时所需的所有工具与技巧，并给出一个评估表，用于对自己以后演说做自我评价。分享成功者的智慧结晶对实现目标大有裨益，因此在本书结尾，我们收集了一些非常棒的采访和诀窍以飨读者。

第 1 章

为成功而努力

没有了努力，就只剩下空谈与空想。

——彼得·德鲁克

要切实行动起来

当决定向着提高绩效的目标奋勇前进时，我们的生活最终将会改变。如果采纳本书中的建议，你一定会做出组织合理、内容丰富、令人难忘且风趣幽默的演说，并且能够真正掌握许多以前虽然学过却没有起过作用的销售成交技巧。更重要的是，会大幅提升成功推销自己的观点或公司产品的水平（我已经见证了许多人在上完我的研习班后，职业生涯风生水起）。

如果你感觉到能掌控努力的结果，我确信你会变得更加积极。在销售演说中，有些东西是无法改变的，但也有许多东西只要努力学习，是可以改变的。比如，你的观点变得让人信服，在演说中融入有趣的故事和逸事，从演说中获得乐趣。

我们确信，这些你需要学习的所有技能，可以让你的客户从一开始只是有点感兴趣直到最后达成交易。《销售就是一场演说》将会指导你完成妙趣横生的学习过程，你从中所获将为你也包括你的家庭、员工、客户创造出无穷利益。为了实现上述目标，现在就开始努力吧。

要勇于成为一名优秀演说者

要想成为一名风采照人的演说家和卓有成效的销售者，你必须克服许多困难。而其中最大的一个就是害怕。请看下面这篇来自《华盛顿邮报》2004 年 9 月 10 日的报道：根据盖洛普公司的调查，在“美国人最害怕的事”年度调查中，害怕公开演说多年来一直高居或者近乎高居榜首。对一些人而言，公开演说要比恐高症、幽闭症、蜘蛛、针、老鼠、拥挤、雷电甚至苍蝇更为可怕。为什么会害怕，如何将害怕转换成积极能量，怎样让害怕为你所用而不是成为你的障碍，我将在本书中与你分享这些内容。

如果你曾经做过演说，你可能还必须克服一些根深蒂固的坏习惯。但是假如我们将这些习惯看成自己个性特点固有的一部分，那么就很难摒弃了。为了提升自己的演说水平，我们必须为自己设定更高的目标。这就要求我们必须摒弃悠然自得、得过且过的生活态度。

请思考这样一个问题：我们通常会记住最好的演说者，也从不会忘记最差的，那么我们会忘记谁呢？是的，我们会很快忘记那些平淡无奇的演说者。发表一个充实且有说服力的演说是非常具有挑战性的。如果是轻而易举的事，那么每个人都能做到。恰恰是并非每个人都能做到，也正因如此，高水准的公开演说才难能可贵，我们也才能在对比中脱颖而出。所以我们必须克服惰性，迎接挑战，不过这也无非是人生道路上自我提高的小事而已。

要努力多做点工作

人们有时会问我，两个人表面看起来不相上下，那么是销售高手还是平庸之辈的区别在哪里？我是这样回答的：区别之处通常在于个人能力，这包括分析听众的能力，根据听众偏好变换自己演说风格的能力，以及通过丰富的演说内容满足听众需要的能力。

知道这一点，有助于你了解听众。你必须知道他们是来自迪比克的教师，还是只考虑产量而忽视河水盐度水平的农业部生物专家。这都是你要了解的。简言之，你必须提前做好功课。在本书后面的内容中，我们将更加全面探讨听众这一话题。但有一点是明确的，即应根据所面对的个体或群体听众的需要，量身定制自己的演说；应该让自己的演说风格独特而难忘。因此，做一次高水平的演说，必须付出很多努力。

为了一个有说服力的演说，必须做好听众的功课。也就是说，要按照听众的需要、信仰和风格来演说。这需要做些必要准备，提前了解一下听众的相关信息。遗憾的是，这并不总是可行的。如果不可行，你要根据以往经验，发表符合绝大多数听众口味的标准式演说。

演说要妙趣横生

在培训班上，我让人们先在摄影机前演说，然后让大家观看回放，他们看完后的第一反应通常是非常震惊。

“泰瑞，没想到我的讲话这么无聊！”

没错，确实很无聊。为什么呢？这是因为人们一般没有像坐在听众席上那样听过自己的讲话。你喜欢听自己讲话吗？你会被自己说服吗？你会认同你自己所说的吗？我们好像以前没有思考过这些问题。演说之所以让人感到无聊的另一个原因是，我们往往认为演说精彩与否无关紧要。

有些人认为，他们是在大公司工作，只要亮出公司名头就可以帮助他们销售产品。有些人认为，他们的工作只是负责分发宣传册和回答问题。为了提高效率，他们必须要做更多工作，必须使演说内容变得更加有趣和值得一听。一个好产品或者一个大公司不应该成为精彩演说的拦路石。

演说要与时俱进

无论我们是否承认，时代在变，经济在变，商业在变。时代文化与以往不同了，市场、听众及其他状况也随之变化，这就要求你的演说也必须与时俱进。

如果不经常观察这些变化，演说不能适应变化的市场，你将会错失良机。不论我们是否喜欢，一旦跟不上变化的速度，我们就很容易落伍。今天的市场与过去截然不同，专业销售人员需要运用不同策略以赢得竞争。如果销售人员希望在未来几十年中仍然能从客户手中拿到订单，那么他就必须给予非常精彩、令人信服且具有很强说服力的演说。

演说要立足于更大影响力而非更多信息

本杰明·富兰克林曾经说，创新只要有10%的新鲜元素就已经足够了。要想让演说令人耳目一新、富有创新且与众不同，如今有诸多方法可用。我发现在如今销售训练中有一个问题，那就是顾问式销售和增值式销售这两种销售方法被过于强调和误解。所谓顾问式销售是指在整个销售过程中，销售员充当一个顾问角色。所谓增值式销售是指销售员向客户提供了所售产品额外的一些功能与服务，从而让客户对产品更加满意。

问题是许多人认为这意味着必须在演说中提供比以前更多的信息。但是销售人员通常不可能花两三个小时来告诉客户为什么要这样做。本书就要帮你解决这些问题，比如怎样收集必要信息，怎样提炼出信息精华，怎样把这些信息在规定时间内向客户或决策者完美展示出来。徐泽特·黑登·埃尔金在其《工作中的语言自卫术》（*The Gentle Art of Verbalself – Defense at Work*）一书中写道："任何演说和陈述不应该超过 20 分钟。"因为这是听众能够集中注意力的平均时间。当然，根据具体的销售模式与销售环境，也会存在一些例外情况，但是我们在设计演说时，必须考虑到这些问题。

当开始学习怎样做一个令人难忘的演说时，希望你能记住并切实履行的 6 个规则。这些规则是：

1．要切实行动起来；

2．要勇于成为一名优秀演说者；

3．要努力多做点工作；

4．演说要妙趣横生；

5．演说要与时俱进；

6．演说要立足于更大影响力而非更多信息。

让我们一起开始吧！在接下来的章节，我将向你们阐释销售与演说之间的区别与联系。

第 2 章 销售和演说的区别与联系

不论你能做什么或者梦想做什么，只管去做；天赋、能力和奇迹蕴藏在胆量与魄力中。

——约翰·范·歌德

将莎士比亚的一行诗做一下改编，可以这样说，整个世界是一个大舞台，专业销售人员就是在为他们的特殊观众——顾客进行表演。你知道什么人会在表演之后得到报酬吗？显然，这要看你演说得如何，顾客是否喜欢你，也就意味着他们是否愿意为你支付报酬。

每个人其实都在销售

在生活中，我们每个人其实都会或多或少地涉及销售。我们必须推销自己以得到第一份工作，企业必须向投资者推销自己，CEO 们在首次公开募股之前必须要展示公司的优点，社团人员要向市政会推销自己的观点，老师们要向学生传授价值观和新知识，屠夫要说服顾客选择一块已切好的肉。每一个案例中，我们都在做着说服性演说，尽管我们可能没有意识到。对于那些专职销售人员而言，将近 75%的时间都用在交流上。你认为自己是一名公众演说者吗？你会说，当然不是！我们宁愿驯服一条蛇也不愿意站在大众面前发表演说。调查表明，公开演说是我们最害怕的一项活动。

那么我们的大部分时间都在干吗？其实就是在公开演说，只不过我们不愿意承认罢了。无论是通电话还是面对面交流，我们都要凭借演说技巧清晰可靠地与对方分享信息。

演说技巧的重要性

公开演说和沟通技巧是你在公司中管理能力高低的最直接证明，也可能是大多数商业交易成败的首要原因。尽管如此，人们仍忽视演说技巧的重要性。一些人会说："哦，泰瑞，你知道我在小学时就已经开始演说了，那根本没什么大不了的。"或者说："你知道，我在大学时候修过公共演说这门课，我感觉自己还是很擅长的。"有些人甚至还练习过如何与当地商业组织谈话。这些经历当然很重要也很正常，但它们不能使我们达到一个新高度。

与 10 年前相比，目前市场已经发生变化，在新世纪中销售人员将面临新的挑战。这是一个高度竞争的市场，人们不会为了娱乐而去听销售演说。让人们做出购买决策比以前更加困难。你要知道，他们在购买之前往往会货比多家。但他们只会和给出最佳方案的销售员成交。顾客通常所寻求的并不是一个最低价格，而是一个最佳的整体价值，这可以是你这个人，也可以是一件产品、一项服务、一种思想或者一个创意。

销售人员可以引导他们做出明智的决策。能做出精彩可信的演说，且能提供强力事实支撑观点，这样的销售人员才不愧为最大价值的提供者。对喜欢的人，人们愿意付出更多；对不喜欢的人，则会拒之门外。

为什么要提供吸引人的信息

这是由价值感知决定的，也就是说，客户必须感知到你的演说是有效的，你的产品或服务物有所值。如果仅仅提供信息，你就混同于竞争对手，而且这也不是销售。做一个信息性演说没有必要搞得那么紧迫。你应该感觉进行这样的演说很舒服，这是为什么呢？原因就在于当你传递信息时，你没有听到“不”字。

销售的4个阶段

在开始学习说服性演说技能之前，让我们先确定构成一次销售的4个基本阶段：

1．吸引潜在客户关注；

2．激起潜在客户兴趣；

3．促使潜在客户确信；

4．达成交易。

这4个阶段的依次顺序非常重要。因为在每个阶段，都要求潜在客户作出相应反应。如果只是提供信息，我们就不会引导客户从开始感兴趣到最后采取购买行动。

说服性演说能够学会吗

说服性公开演说是一种可以学习的行为，是将有效公开演说与讨论策略的正式规则应用到销售演说中，是将大学演说系所确立的严格规则与五彩斑斓的专业销售现实世界结合起来。这是在新世纪竞争的一种方式，能使我们掌控每个销售环节并拔得头筹，这就如同说服同伴接受我们的观点一样。它实现了演说内容丰富精彩与演说方式卓越不凡的有机统一，使得演说内容确实可信，最重要的一点是能凸显演说者本人出类拔萃。在本书第4章，我们将专门讲述这一主题。

我们曾经做过一个非正式调查，结果显示，当你与潜在客户通电话时，给对方留下印象的时间大约只有30秒。也就这么点时间。即便一对一当面交流，你给对方留下好印象的时间也不会超过5分钟。因此在大多数情况下，我们演说时还没说几句话，对方就已经确定是否喜欢我们。也就是说，演说刚开始的时候，我们的专业知识好像根本没什么用。

我知道大家一般不相信这一事实，但这种情况每天都在发生，人们往往根据我们公开演说和展示的技巧，来决定是否愿意与我们合作。我们聪明吗？我们口齿伶俐吗？我们的信息能吸引他们吗？他们是为了获得信息而被迫听讲吗？他们感到非常厌烦吗？这些问题，我们必须予以考虑。

什么是三五公司原则

当与一个潜在客户交流时，你最好别把自己当成该地区的唯一销售者。当你开始演说时，潜在客户一定会注意你并听你讲些什么。等你说完，潜在客户一定会内心盘算一下，你本人及你的产品与服务是否比竞争对手更好。

竞争绝对是存在的，你知道这点，潜在客户也明白。对客户而言这是优势，而他们也会利用这一点。做事严谨的潜在客户通常会在做出最终选择之前考虑 3～5 家公司。我们将此称为“三五公司规则”。如果你是第一个推销者，潜在客户在进行充分市场调查之前是不会做出购买决策的。如果你是最后一个推销者，潜在客户会把你所说的每个细节与之前其他公司的销售者所说的进行对比。不论是哪种情况，你的演说都会受到潜在客户的严格评价，你本人也是一样。我总是这样猜想，潜在客户是不是与其他销售者沟通过。如果判断不出，我就假设他们已经沟通过了，这就会促使我要比其他演说者更具说服力和竞争性。

关注你本人还是你的产品

人们对我说：“泰瑞，我是说干就干，但我怎样才能讲得头头是道？”我总是把这个问题视为一个标志，即这个人正在向最好的 20%的道路上迈进。因为他意识到了，取得成功与成绩平平之间的区别并不在于产品本身及产品背后的公司，而在于实际行动。

以房地产行业为例。该案例证明，一个销售人员会很大程度上影响潜在客户的选择。假设你想卖掉自己的房子，运用三五公司原则，你会叫来若干个经纪人，看看该把这项业务交给谁。他们都是来自中介服务行业的全国性大公司。为了得到这项业务，每个公司的经纪人都来参观你的房子，并介绍他们的服务。每个人都要求 6%的佣金，并把售房信息放到房源上市服务系统（Multiple Listing Service，MLS）上。一个曾经卖掉你邻居房子的代理人，还用车把办公室的所有销售人员和经纪人都带来了。这自然也是你想要的。三个经纪人都向你保证能提供相同的服务。你会问，房子能确保周六、周日开放吗？他们回答的都是，没有问题。

第三个经纪人陈述完之后便离开了。你坐下来开始琢磨哪家公司的方案最好，彼此有何不同？你纠结这一问题，随后你会意识到他们其实都是一样的，根本就没有什么不同！每个代理人都知道怎样完成这件事，都会将公司所提供的特色服务详细描述给你。如果说有点小差异，那就是每个方案是由不同人提出来的。你将怎么做？通常你会选择你最喜欢的、认为能为你努力工作的那个人，也就是提出最佳方案的人。类似的事情每天都在重复发生着。人们挑选产品时，要看是谁在卖。换言之，我们选的是人而不是产品本身（如果你没有这样做过，一定要读一下戴尔·卡耐基的经典著作《怎样赢得朋友与影响他人》，这是第一本阐述该话题的书）。

演说代表着你本人

现在你会说："哦，泰瑞，我就是我，我改变不了这一点。人们要么喜欢我，要么不喜欢我。"我并不提倡你变成另一个人。我们应该做真实的自我。人们是否喜欢你取决于你的言行举止。如果你是一个销售人员，人们根据你的演说来评价你。你是想让自己的演说听起来死气沉沉、犹豫不决和枯燥无聊呢？还是希望自己的演说热情洋溢、激情四射、井然有序和令人信服呢？当你发表演说时，演说就代表着你本人。这可能是潜在顾客记住你或忘记你的决定因素。销售高手们所做的演说往往令人难忘，他们不仅知道该怎么干，也知道该怎么说。

如果你是一个专业销售人员，应该懂得销售过程并不开始于正式演说。要早得多，当你试着敲开潜在顾客家门的时候其实就已经开始了。对公司客户而言，掌握有效阐述你所提供服务的方法，可以让你获得与管理层见面的重要机会。

我的入门

1987 年，我作为专业演说者的代表在成就集团（Achievement Group）工作。这些专业演说者具有高超的沟通能力和新颖有效的销售技巧，个个闻名遐迩。我的工作就是向需要培训和激发销售人员的公司客户“推销”这些演说者。

我的第一个顾客是一家大型民用地产经纪公司。领导者名叫吉姆·埃默里，这是一家有 9 个部门的经营非常成功的组织，每个部门有 50 多个代理人。我的目标是面向销售人员发表一个小组演说。但该公司的管理政策禁止外部销售员在员工会议期间进行演说。这一含蓄的拒绝方式让我感到沮丧，但是面对这样一家销售组织，反而激起了我的求胜心。我一直思考自己怎样才能绕过这一障碍。我的同事们没有给我一点帮助，相反他们一直在打退堂鼓。

当我向成就集团内部经验丰富的销售人员寻求建议时，他们却回答我说，“算了，泰瑞，你是进不去的。它是一个封闭的办公区，你应该向前看，寻找下一个客户”。我非常疑惑封闭办公室与开放办公室之间有什么不同（我从来没进入一个门上贴着“对推销者开放——欢迎来访”标识的办公室）。答案是，无非跨过这道门要费点时间和想点办法，其他的并没有什么不同。

只有唯一通道

不管怎样，我还是用电话和邮件继续跟进这事，但是毫无结果。我于是便改变策略，分别与每个经理见面，但他们每一个人都说同样的话：如果我想进入办公区，必须得到吉姆·埃默里的允许。因此我把注意力转向了怎样能与吉姆·埃默里碰面上。遗憾的是，他有一个非常优秀的秘书，训练有素，拦住了所有销售人员的来电。

遭到拒绝越多，我就越坚定要进入他们的组织。我开始意识到这是非常困难的一件事。我猜想，几乎没有什么人给这些销售代理们做过演说，即便有也是没受过什么专业训练的。如果我能进入，这肯定是一个潜在大客户。

找准角度

电影《华尔街》给了我灵感。在这部电影中，查理·肖恩扮演的主角在潜在客户生日那天给他邮递了一盒进口雪茄。我决定想一个类似电影中的"创造性方法"来解决这一问题。我准备购买一枝长茎的白玫瑰，以个人名义送给吉姆·埃默里。我认为白玫瑰是合适的，因为它象征着诚实（事实上当时我的确很穷，公司里也没有给销售人员提供额外花费）。

他办公室外的停车场比较合适，这是我唯一可以接近他的地方。在早上5:30，我就像执勤人员一样在他停车位旁边等着，而且还穿了一件明显印有他名字的制服。大概等了一个半小时后，一辆车驶了进来。司机很显然就是我要找的人。"打扰一下，你是吉姆·埃默里吗？"我羞怯地问，当然因为身着最好的套装，心里也不是那么忐忑。

"是的，我是吉姆。你是谁啊？"

"一个只需占用您10分钟的年轻姑娘。"我回答。

"她要卖什么东西啊？"他问，直接不让你说下去。

"我想她不是在卖东西，"我明显迟疑了一下，"她只是要给您送这枝花。"

他嘴角露出了微笑，这使我非常欣慰。他打开了礼物中的一张卡片，上面写着"埃默里先生，请给我10分钟。我确信您会对我的话感兴趣"。

"我没有10分钟，"他说，"从这辆车走到那个门口你只有2分钟的时间。"这时，在大学里所学的所有辩论技巧全部涌进脑海。我向他解释如果没碰到我，他公司将处于多么危险的境地。在短短2分钟内，我所列举的理由比以往3个月中向其他客户所讲的都多。我在演说沟通中的雄辩素养和水平起了大作用。因为我本能地知道该说什么及怎么去说。

"好吧，"他说，"我将给你10分钟，明天9点还在这儿见。"我按照他的安排在10分钟内进行了我的演说。然而，我们的见面时间持续了一个半小时。他随后给每一个管理者发了一封推荐信，告诉他们为什么要让我在员工会议前做一个演讲，这大大超出了我的预期。因为通过这次沟通，他认为让公司代理人都来听听我讲的故事是很有必要的。他相信，如果员工们能采纳我倡导的销售观点，公司经营得会更好。

为什么起作用

从另一方面看，该公司的另一些合作者可能会做一些更基本更个性化的事。但我相信之所以我能成功，就在于我送给他一枝玫瑰，而且那天早上我比其他人起得都早。代价非常之小。看似简单的一件事，却使他相信他对我很重要，我会创造性地努力工作，以赢得他交付的业务。购买业务与赢得业务之间有巨大的不同。创造性思维在你接近某个人物时会起到很大作用。一旦你抓住了他们的注意力，你就有机会做一个可靠、专业、有说服力的演说，从而赢得他们的信任。

入门仅仅是第一步，入门之后要做什么同等重要。但许多人在这方面存在类似的缺点，而这些缺点又会导致不利的结果。本书的目标就是列出销售演说的九大错误，阐述应如何规避它们，从而让你能把握住所有演说机会，尽可能产生最好结果。

当你沮丧的时候，希望你想想白玫瑰的故事，或者我在本书后面与大家分享的故事。为了在这样一个充满竞争的市场中有所作为，我希望你能满怀激情地练习公开演说技巧，也希望你养成一个逻辑清晰地阐释观点的习惯。一定要付诸努力！奇迹不会像爆炸和闪光一样瞬间发生，它们像滚雪球一样越滚越大，随着时间的推移，积沙成塔，集腋成裘。朝着人生旅途的美妙未来前进，现在就行动起来。为了做出活力十足的演说，我们必须学习怎样才能在芸芸众生中脱颖而出，或者就像我所说的，你必须“斗志昂扬”。

运用 80/20 原则

让我们谈一谈离我们大多数人最接近的东西——收益。当我开始向人们解释提高演说技巧是多么重要时，总会有人提出问题：“好吧，就算演说技巧像你说的那么重要，那么它怎样影响我的收益呢？”解释这个问题最简单的方法，就是想想“帕累托原则”，也就是广为人知的80/20原则。

帕累托原则是由意大利经济学家维尔福雷多·帕累托提出来的。帕累托首先把英国最富有的人归为一类，从而确定他们的共同特性。最终，他发现一个国家最富的20%的人拥有并控制了该国80%的财富。通过研究分析，他开始认识到财富的分配与人口的分布是不均衡的，当然这只是一个数学上的推测。他发现任何时期、任何国家，这种不均衡都存在。理查德·科赫所著《80/20原则，事半功倍的成功秘诀》一书中，对帕累托原则或曰80/20原则给出了一个更容易理解的表述。科赫本人是一个企业家兼投资者，他强烈提倡把80/20原则运用到每个人的日常生活中去。他认为该原则能帮助个人或团体实现更多目标，并能提高个人效率与快乐，增强团体或组织的盈利能力。

当科赫等研究者还在努力求证帕累托发现的真实性时，人们已经开始在诸多领域中运用帕累托原则来衡量和预测成绩了，这既包括商业和经济领域如商品和销售等，也涵盖资源配置不均衡的其他领域，如民族、时间、技术等。在销售领域，科赫就曾这样说：“大多数研究发现，前20%的销售人员创造了70%～80%的销售额。”

所以，你经常会听到一个恼怒的同事抱怨：“为什么领先的那些家伙们总是能得到他们想要的任何东西？”其实原因很简单，因为他们为组织完成的业务最多、贡献的收益最大，自然而然，他们拥有的权力也就最大，这在销售领域尤其如此。

既然组织中超过3/4的成果是由前20%的销售人员贡献的，那么我们就该好好审视一下这批精英人群的特性。是什么让他们比后80%的人还能干，而后80%即便努力了却也完不成同样的业绩呢？

敢于追梦

员工们在培训发展期间总想知道：前20%的人究竟干了哪些后80%没干的事儿？如果这些事确实有成效，可不可以让后80%也来做呢？答案非常肯定，“当然可以”！

这使我想起了电影《鲁迪》，一部关于主人翁鲁迪的传记片。鲁迪是圣母大学的一名足球队员，整个大学时代他一直期望能参加一场比赛。最后一刻他终于上场，圆了少年时代的梦想。鲁迪没有踢球天赋，他在紧张的训练期间意识到了这一点，但他仍然渴望成为著名的圣母大学足球队的一员。鲁迪仅仅参加过一场比赛。但他从不退出，也从没被除名，就这样顽强坚持着。许多年轻人在看不到什么机会时，便会很沮丧而选择放弃。但鲁迪绝不这样。正因为这种坚持不懈的决心，今天他才能如实地说，他曾经在圣母大学足球队效过力。

鲁迪现在成了一名我见过的成功的激情演说家之一。多年来，他一直想拍摄一部记录自己荒诞足球生涯的传记电影，认为这样的电影能够激励他人。但好莱坞的反应是，“你在开玩笑吧”！这次他依然没有放弃，而是继续想办法直到机会向他敞开了大门。最终，拍摄一部电影的梦想变成了现实。最让人激动的是电影上映后好评如潮。鲁迪的一生是成功的，因为他愿意做别人不想做的事。当他人都说“算了吧，没希望的，别做梦了”时，他却仍然坚持不懈。鲁迪从来不会让他人的想法成为自己行动的绊脚石。

销售高手的三大特质

在我看来，销售高手具有三大特质：①心理差异，他们每个人都相信自己能成为佼佼者；②良好倾听技巧，他们都是专家型听众；③高超演说技巧。如果再找出第四个特质的话，那便是敏锐的时机感，也就是具有把握时机的能力。但我也相信，世上并不存在什么好运。正如古语所说，“好运就是准备充分的人遇到了机会”。

心理差异

先看第一个特点，心理差异，这是我们在销售课程第一课中所学到的。告诉诸位，我是相信所谓心理差异的，而且认为每个人都应有一个心理界限。在销售职业生涯早期，我觉得心理差异与主动性相关。工作之前我总是对自己说，

“我一定要积极主动，一定要精力充沛，一定要来点刺激让自己全天都精神百倍”。然后我会想，“我知道自己要做什么，我要听一盘励志磁带”。

我听的第一盘磁带是由丹尼斯·威特利博士制作的，叫《成功心理学》，是一个有关怎样把事情做好、怎样激励自我的很精彩的音频。我当时就想，哇，这真是太棒了。然后我对自己说：“泰瑞，你要明白，一定要把自己的积极想法记录下来，要把它写在卡片上，提醒自己每天该做什么。”我不断地告诉自己，只要坚持这样做，一定会改变自我，这就是我所需要的。

我把这些小卡片贴在浴室的镜子上，每天都看一遍。我边修饰着睫毛边说：“我很棒！我会把事做好！今天是今后生活中最美好的一天！”于是就真地精神振奋、干劲十足。所以我想：“一定要激励自己，跨越障碍，迈向成功。”

这样持续了 30 天之后，我发现自己的心态发生了明显变化。我变得更加快乐了，但遗憾的是，这对我的业绩却没有起到什么实质性作用。很显然，这种自我激励方式并不是造成心理差异的唯一因素。我认为向人们解释心理差异的最好方式就是与他们分享一个我同事的故事。米奇·盖洛德是我非常乐于一起工作的同事。你可能熟悉他的名字，是的，他曾是一位体操健将，是奥运会的体操冠军。目前米奇主要致力于青年人的目标设定、动机、激励等演说项目。不久前他打电话对我说：“泰瑞，我临行之前很想和你聊一会，并把它拍下来。”我说：“当然没问题。”他过来后，我们面对面坐着。我一边看着他一边在想，他取得了那么多成就，真让人感动。于是我便直接问他：“米奇，在奥运会上得到完美的 10 分是一种什么感觉？我甚至想象不出来。”

他说：“泰瑞，当你进入最后一轮时，每个站在场上的竞争者都可以得到完美的 10 分，这不是每个人能力的问题，而是要看谁能在比赛中消除压力，连贯地完成动作。”

在我脑海中，读到此故事的每个人都有在其各自赛场中获得完美 10 分的实力，但问题是当面临比赛时，我们怎样才能教会你发挥出自己真正的实力。

丹尼斯·威特利认为，那些超越心理边界的赢家们总是相信自己能够达到既定的雄伟目标。因为他们相信自己能做到，所以就更加努力地去尝试。可想而知，如果认为自己办不到，那干嘛还浪费时间去尝试呢？而大多数人恰恰是自我妥协。这样，他们就为自己失败找到了借口。此外，努力尝试还意味着会得到更多的工作机会。事实也正是这样：懒人很难成翘楚。成功者想做事，不成功者不想做事。

倾听的力量

区别顶尖高手与平庸之辈的第二个因素是倾听沟通的技巧。我一个同事曾讲过唐纳德·特朗普的故事。唐纳德·特朗普的倾听能力深为竞争对手与合作伙伴所敬佩。特朗普具有一种惊人能力，那就是在面对面讨论中，他能提出一些探究性问题，进而从中挖掘出材料，并利用它们支持其随后的演说内容。他能成为一个让人敬畏的竞争对手，这是主要原因之一。

我有许多很关注演说技巧的客户，参加了我的培训项目。他们认为，只要能提升演说水平，他们就会变成效率更高的专业销售员。但是他们中却没有一个人在乎倾听技巧，直到在录像中见识了自己的表现，才意识到需要这方面的帮助。你可能听过作家安布罗斯·贝尔士的一句名言："什么人让人讨厌，就是你想让他听你说，他却自己说个不停。"倾听是一个要求集中精力的积极过程。我们需要倾听客户和潜在客户，也包括我们自己。

当我们在销售培训中对角色扮演者进行录音时，他们经常会说，"现在我明白顾客的问题究竟是什么了"。但结果往往是，他们要么没有回答潜在顾客的问题，要么回答的话能活活把一个理性客户直接推到竞争对手那里去。实际上，我们常常没有认真倾听客户在说什么，或者我们根本没听明白顾客的问题而答非所问。大脑如果不运转，嘴巴就会不受控制。而我们恰恰在倾听上不用心。如果我们随心所欲机械地回答，我敢肯定这不会给听众留下好印象。

忘记你说的话

有多少人曾经遇到客户或潜在客户说"让我考虑一下"？我来解释一下当他们说"考虑一下"时发生了什么。一般来说，潜在客户能记住我们告诉他们内容的一半就不错了。你可能做了一生中最精彩的一次演说，但当你走出门那一刻，听众便或多或少地忘记你刚刚告诉过的信息。实际上在交谈的最初 10 分钟，他们就已经开始忘记一些信息了。刚开始，他们会记住你所说内容的 50%，当回到家里和家人共度一段时间，再跟孩子玩一会儿，他们可能又忘掉 10%。第二天（我所指的是正常的一天，不包括诸如驾驶超速或违规停车受罚等任何不可预知的情形），他们会再忘记 10%。因此当你电话回访："嘿，琼斯先生（琼斯太太），我是泰瑞·舍丁，我只想跟访一下关于我那天演说的事……"而此时，他们大概已经忘记了你所说全部事情的 75%！所以他们会说："亲爱的，我们非常忙，还没有机会考虑呢。"我们以为顾客会花时间考虑我们的建议，但事实上他们几乎把它全忘了。

具有讽刺意味的是，尽管我们在倾听上做得不怎么样，但花费的时间却不少。根据《倾听：被忘记的技巧》一书作者伯利·艾伦的观点，作为商界人士，应该把近 75%的时间用在沟通上，而沟通过程中又应该把 40%的时间用在倾听上。剩下的时间，我们再在演说、阅读、撰写之间进行分配。按照对沟通效果的贡献，演说所占时间约为 30%，阅读所占时间约为 15%，撰写所占时间不超过 10%。既然我们全部工作时间中有超过 30%是用在倾听上，那么在提升我们演说技巧之前，是不是应该检查一下我们的倾听习惯呢？

伯利·艾伦举了一位管理者的例子。他对自己花在倾听上的时间非常严谨，于是便让秘书记录下他在通话时倾听时间是多少。他震惊地发现，仅此一项工作，公司付给的酬劳差不多占到工资的 40%，或者接近 18 000 美元。然而，身为听者的平均倾听效率只有 25%。如果该管理者的倾听技巧只有 25%的效率，老板为他无效率的倾听时间白白支付了 13 500 美元的薪酬。

创造一个引人入胜的演说，并提升自己的倾听水平，可借以提高客户的记忆。相对于读写而言，毕竟倾听是一种更为主要的信息接收方式。要想让潜在顾客记住我们的演说，在刚开始的时候就要让他们听懂，因为这是决定他们能记住多少的主要因素。同时，提高我们自己的倾听技巧，也有助于消除潜在客户的抵制心理，便于我们更好地控制销售局面。

是否忽视客户的抵制心理？

设想这样一种情形，你进行电话销售，而潜在顾客却试图喧宾夺主。当然你是想尽力控制局面并努力达成交易。现在想一下你会采取什么行动？抓住要说的重点，倾听客户的意见，回答他们的问题，提出自己的见解，一句话，先倾听，再回答，后解释。

设想另一种类似情形，你同样面对一位很难搞定的客户，不同的是你没与客户充分交流，忽视了他所说的话，而是向他背诵了一遍所售产品的性能与好处。这种情况在现实中屡见不鲜。通过录像回放和研习班练习，我们发现人们经常忽视潜在客户的问题和异议。伯利·艾伦将其称为“二流倾听”，意思是听到了这句话，但不理解其深层含义。

上述两种情形，你认为哪种成功概率更大呢？显然是第一种，因为你正练习着控制演说并且不断引导客户以达到最佳结果。在某种程度上，每一个潜在顾客都是很难搞定的，每一笔交易都要求专业的倾听技巧，这样才能与客户保持联系并最终完成交易。

倾听的三个维度

倾听有三个维度，可以用来衡量我们倾听潜在顾客所说时到底做得怎么样。第一个是移情性，第二个是信息处理，第三个是批判式倾听。

移情性

移情性就是要求我们用心来倾听。我们不要对潜在顾客的陈述有偏见。你听到过“买家都是骗子”这句话吗？这句嘲讽的话，你最好不要当真。买家提出的反对意见，有些可能是故意假装的，但有些也可能是真实合理的。我们的工作就是要分辨出买家提出的看法，哪些是真实的，哪些是伪装的。不分青红皂白，就对潜在顾客的所有意见均持怀疑态度，这是一种非移情性行为。要倾听买家的真正需求。

信息处理

倾听的第二个维度是信息处理，即客观收集潜在客户的信息并予以分类，然后根据你认为的优先程度进行处理。信息处理可以采取以下几个行动，也就是信息处理者必须做到：

1. 识别核心思想。
2. 确定主要观点。
3. 回忆相关细节。
4. 进行总结归纳。

5．汲取借鉴资料。

6．提出有见地问题。

在研习班中我经常问销售员："你演讲的目的是什么？"他们有时会看着我，好像不明白我在说什么。"你什么意思？"他们问。好吧，那么我这样问："你演说的重点是什么？你希望客户听完演说之后应该做些什么？你真的知道应该让客户了解的一条重要信息是什么吗？"如果连你自己都不清楚演说的核心思想是什么，潜在客户怎么能知道呢？你或许已经入行二十多年了，或许能举出一大堆支撑材料来证明你的观点，但如果你分享信息的方式让人们不知重点、不明就里，你就会白费力气、劳而无功。

对于你所说的信息，如果客户不明白核心思想，不清楚主要观点，很难回忆起重要细节，无法进行总结归纳，也提不出什么有见地的问题，那你就必须好好反思一下，"我的效率到底怎么样"？试着让自己站在客户的角度，想一下应怎样把以上原则运用到演说中。然后在下一位顾客身上再试一遍，看看效果如何。一定要记住，你是一个信息传播者。

批判式倾听

在演说过程中，你是否注意自己在说什么，你是否一旦打开话匣子就喋喋不休，聆听者都会给出批判性的评价。当潜在顾客询问问题时你是怎样应对的？你在回答时会强化所传递的信息，进而不断促使客户逐步达成交易吗？你会不会因为答非所问，而让顾客感到困惑呢？请记住，顾客正在评价你的可信度。你本人以及你说的话是否让人信服？为了充分利用好顾客提问这一绝佳机会，你必须学会和运用批判性倾听技巧。请记住，潜在顾客同样会从一个批判性角度来听你怎么说。

有效的倾听既要关注倾听对象，也要注意说话者本人。如果让你听听自己的演说，然后对其可信性进行评价，你会怎么做？评价第三个倾听维度即批判式倾听，有5个关键要素：

1．回顾主要要求；

2．确定前提条件；

3．评估相关证据；

4．是否客观而非狡辩；

5．判断演说者可靠性。

既然听众会通过这 5 个步骤来批判性地评估你的演说，那么对你来说，在发表演说之前是不是也应该做一番同样的评估呢？我记得哈尔·贝克尔在《能给我五分钟时间吗》一书中，曾向读者提出这样一个问题："除了销售之外，你和顾客谈论过你本人吗？你是不是一直说个没完啊？除了销售之外，你听过自己说的话么？从来没有！"

实际上，潜在客户中有许多人并不是一个好听众，他们会根据自己的个人体验来下结论，而这些体验与你告诉他们的基本没有关系。如果你是一个优秀的批判式听众，就从潜在顾客的提问中，弄清楚顾客对你演说的误解之处是什么。运用批判式倾听技巧，一定会得到相应回报。

对潜在顾客而言，重要的是要根据其所听到的准确信息而非错误假定做出决策。因此，客观评判顾客的问题和意见是非常关键的。通过回答顾客的问题，你能阐明并且进一步强调自己的观点，进而引导潜在顾客完成交易。

说服性演说技巧

顶尖销售高手与平庸之辈的第三个不同之处是说服性演说技巧。顶尖销售高手具备卓尔不群的信息传递技能。他们身上有一种独具魅力的东西，也就是人们常说的闪光点。闪光点来自实践，而魅力来自自身。这就是你思想、精神和气质中所蕴含的东西。

不出彩的说服性演说技巧

领悟公开演说技巧在当今的重要性。我们可以回想一下美国 1992 年的总统选举。罗斯·佩罗吸引了对民主党和共和党均不抱幻想的一大批选民。尽管是独立候选人，佩罗的参选仍然对共和党总统乔治·布什和民主党候选人比尔·克林顿形成了有意思的挑战。在竞选过程中，总统候选人及各自竞选伙伴副总统候选人之间进行一系列辩论是不可缺少的环节。对佩罗而言，遗憾的是，他的竞选伙伴副总统候选人詹姆斯·斯托克戴尔不是一位出彩的公开演说者。

海军上将詹姆斯·斯托克戴尔是一位深受尊重的越战英雄，也是一位卓有成就的军事管理者，但他并不是一个擅长演说的人。观看过辩论的观众一定不会忘记那一刻，斯托克戴尔突然停下了谈话，开始摆弄他的助听器，这不恰当的一幕给人们留下的印象是，斯托克戴尔年纪太大了，恐怕不能胜任国家第二领导人的重任。后来的民意调查显示，斯托克戴尔在演说风格和演说方式中的不当表现，让那些本来还摇摆不定的选民有了一个不选他的理由。他们将选举对象转向了两个主要候选人身上。如果斯托克戴尔具有科林·鲍威尔或罗纳德·里根那样的公开演说技巧，当年的选举结果究竟如何，还真的很难说。

按道理说，斯托克戴尔拥有纯正的资历，是完全有资格担任政府高层职位的，但这不是决定性因素。因为他必须向选民证明他本人能胜任副总统职位，让选民确信选择他及其竞选伙伴是正确的。

我们可以把这种辩论视为一种应聘国家工作的公开面试。从这种观点看，任何一个工作应聘者，如果认为得到职位只需一份简历即可，而不需要做有说服力的口头演说，结果就是在找工作上要花更多时间。

人人都能记住伟大的演说家

人人都喜欢听伟大演说家的演讲。更重要的是我们能记住他们。一提起伟大的演讲家，我们就会想到马丁·路德·金、约翰·肯尼迪、罗纳德·里根、奥普拉·温弗瑞、美国总统奥巴马。他们都被认为最伟大的演说家和沟通者。他们演讲时不用辅助提示，没有讲稿，没有手册。他们只是以一个男人或女人的身份，站在大庭广众面前发表演说，让民众关注那些不受欢迎的问题。他们就是这样做的。那么是怎样做到的？答案是运用演说艺术。你总会记住那些伟大的演说家，比如斯大林或连任两届总统的比尔·克林顿。坦白地说，如果当年克林顿在应对他与莫妮卡·莱温斯基的丑闻时，采用的是像斯托克戴尔那样的公开演说技巧，你觉得他还能连任吗?

作为国民，我们感动于那些伟大演说者。当然，我们也经常会记住另一种类型的演说，那便是糟糕的演说。那么我们会忘记谁呢？没错，是那些平庸的演说者。请记住，如果你回看一下自己的演说，认为还是可以的，或者“还算不错”，这只不过意味着你刚做了一个最容易让人忘记的演说而已。要想让人记住，你每次发表演说，都必须力求最佳。

我想对那些立志成为最佳销售员的人多说几句。你们希望通过努力来实现个人更高成就，对此我非常赞赏。但要记住，成为一名伟大销售员意味着首先必须成为一名伟大的公开演说者。要想实现这一目标，应该具备强大的心理素质、敏锐的聆听技巧及能够做说服性演说的能力。

本章小结

- 每个人其实都在销售东西，不论是一个产品、一项服务、一种理念、一个观点，还是一次求职面试。
- 培训和提升公开演说技能是个人自我发展的重要组成部分，能够帮助我们在销售环境中取得更大成功。
- “三五公司原则”提醒我们必须时刻注意，大多数购买者或决策者在与我们洽谈过程中，也会同时考虑另 3 ~ 5 家竞争者。
- 购买本质上是选择销售者的过程，你的演说代表着你是一个什么人。
- 一个精彩演说，是不屈不挠、创新性思维、把握时机和持之以恒的综合产物，是当今市场中强大的竞争利器。
- 赢得业务与购买业务之间存在着巨大差异。
- 销售高手具有三大特点：①心理差异；②良好倾听技巧；③高超演说技巧。
- 我们总能记住最佳演说者，也能记住最差演说者。我们最容易忘记的是那些水平一般、只是“不错”的演说者。

下章提示：本章简要阐述了培养高水平演说技巧的重要性，接下来我们将探讨人们在演说时最常见的一种错误——临场发挥。

第3章

错误1 临场发挥

“我可以临场发挥”，持有这种想法，你最多也就是平庸之辈。

——戴维·A·皮普尔斯，《演说的力量》一书作者

人们在演说时，最常见的问题就是事先没做精心准备，仅凭临场发挥就希望达到最佳效果。如果你是一个天资聪颖且经验丰富的演说者，或许能侥幸应付过去。但大多数人通常是搞砸了，为他人所侧目。

当临场发挥时，你的展示往往是东一榔头西一棒槌，听众听得云里雾里不知所云。而且故事主线不合逻辑，演示脉络也没有前后和主次。这让听众很难跟随你的思路，大多数情况下会遗漏他们想了解的一般内容，甚至成交信息。

人们会说：“我对所展示的资料很熟悉，不需要做什么准备，只要临场发挥就行了。无论出现什么情况都不在话下。”

这是一个错误的想法。必须承认，对那些几乎没有做任何准备就敢在众人面前即兴演说的人，我们有时候还真叹服他们的勇气！然而，当你临场发挥时，你的演说完全是在浪费自己和客户的本可更有效利用的时间。

对演说不予重视，实际上说明你对工作是否做好根本无所谓。这种态度反映出一种否定思维，也就是说，你不认为演说对个人成功起什么重要作用。那么我用一个故事来解释一下，为什么在演说上下点功夫是值得的，可能你现在并不这么认为。

永远不要低估演说的力量

在支持一位当地政治候选人的公众集会上，我的一位客户受邀发表演说。选民们想把现任选举委员会成员赶下台，而支持提出新政治主张的候选人。这位客户勉强接受了公开演说的挑战，因为他觉得这是一件正确的事。更何况他妻子已经代表他接受了邀请。为了便于阐述故事，在下文中我们暂且把这个客户称为鲍勃。

鲍勃一想到要在大庭广众面前演说就吓坏了，他既没有经验又缺乏自信。我接到他的求助电话时已经是周五了。

他说："泰瑞，我不知道要做些什么。下周我就要在数百人的政治集会上演说了，你能帮帮我吗？"

我回答："当然没问题。"我们首先列出他演说的整体框架，然后确立主要论点，整理出支撑材料，最终再加上一点逸事。整个周末我们都在准备这次演说。到周一晚上会议开始时，鲍勃已经准备就绪整装待发了。如果你曾经参加过气氛热烈的公众集会，你就能够体会到那种场合是何等震撼。这可不是办公室会议，员工们安静地坐在那里全神贯注地听，而是情绪激昂的市民集会。

终于结束了

鲍勃走进大礼堂，迈步登上讲台。他紧张得双腿有些颤抖，好在听众并没有看出他的害怕。无论他有多么紧张，我们两人都知道他能够做好。演说一开始，他就展现出了清晰的框架结构。演说逻辑严谨，条理清楚，有章可循，准确表达了他所期望实现的特定目标。整个演说冲击力强，令人难忘，取得了巨大成功。演说结束时，听众情不自禁起立，鼓掌，欢呼。鲍勃就像完成了一场轰动演出的演艺巨星一般。当他走下演讲台，第一反应并不是兴奋自己出色完成了一场重要演说任务，而是长舒一口气，说："终于结束了！"但其实并未真正结束。有一个人也在听众席中，只是鲍勃没有注意到。这个人就是比他高三级的副总裁。

提升新职位

副总裁说："鲍勃，我没想到你是一个如此有影响力的演说者。现在公司有个职位需要你这样具备良好表达能力的人。如果你明天有时间，9 点钟到我办公室，我们可以聊一聊。"

鲍勃不仅出色地通过了面试，而且进入了公司高层核心圈。在新职位上，鲍勃的工资、奖金、交通补贴都有了大幅度提升。他从这次演说中收获良多。这个故事的结局很美满。但设想一下，如果鲍勃从一开始就拒绝了这次演说邀请呢？那么他将错过一次自我提升的绝好机会。再设想一下，如果鲍勃没有用心准备和练习呢？那么他的影响力和职位都不会有任何改变，更不要提薪酬了。但事实是，虽然鲍勃对这次演说十分恐惧，他还是尝试着去做了，最终他做到了！

如果鲍勃像很多人一样选择临场发挥，这场演说一定是枯燥乏味的，不会有这样的冲击力，鲍勃也不会得到新职位。想要创造机遇，对每一次演说来说，注入激情和充分准备都是十分重要的。也许你认为坐在台下的都是一些财权有限的小人物，但你要知道，人不可貌相。

如何避免出现临场发挥的情况

为了解决临场发挥这个长期普遍存在的问题，我们要从一开始就端正态度。首先，要清楚在做演说时我们的角色不是斗牛场里面的斗牛士，而是音乐会中的指挥家，开场前需要反复练习。在做准备时，你首先要考虑你的演说形式。总体来说有四种不同的演说形式：

1. 无提示演说——演说时没有文字提示，但头脑中牢记着简单的演说框架；

2. 提纲演说——演说时有文字框架帮助提示；

3. 有稿演说——逐字逐句读出准备好的演说稿；

4．记忆演说——对演说进行演练并背诵演说稿。

想要解决临场发挥的问题，第一步就是选择适合你的演说形式。当我们确定了将要使用的形式，就知道该如何做准备了。当然，做准备就意味着花费时间。但如果你想出色完成一次演说，就必须投入时间认真准备。

详尽的准备工作

无论你选择哪种演说形式，一定要牢记，一切都是为了引出论点做铺垫。有人问我演说前做这样大量的准备工作是否真有必要。据我所知，即使最有才的人通常也需要演说前在纸上罗列出所有的议题，进行思考，否则会有所疏漏。当你临场发挥时，很容易遗漏一些重要的想法或是偏离主题。人们有时就是这样，在一些不值得的问题上花费太多时间，却对一些更为重要的事情不够重视。下面让我们详细介绍一下四种主要演说形式。

无提示演说

无提示演说是根据头脑中的内容梗概和已规划好的主讲内容展开演说。无提示演说的内容弹性较大，方便与听众进行互动，而良好的互动能够彰显你在自己领域的渊博学识。这种演说形式的最大缺陷在于说服力不足。对很多人来说，在头脑中回想演说内容并选择精准语言来描述是具有挑战性的。有时听众会将一场无提示演说错当成临场发挥，但实质上是完全不同的，无提示演说也需要事前准备。

提纲演说

提纲演说是一种提前列出梗概，并以梗概为依据进行演说的形式，并不需要逐字写出演说稿。这是专业销售人员最常用的形式，也是鲍勃最终选择的演说形式。这种形式比较灵活，演说的内容可以根据现场听众的提问而调整。

提纲演说是根据文字大纲进行的，大纲通常也就是一两页纸的内容。你的展示从大纲开始，同时复印一份给你的听众，也就是你的客户。为什么我向大部分人推荐使用提纲演说这种形式？主要有以下几点理由。

首先，我保证你看着内容大纲做演说时，绝不会出现“噢，天哪，我漏了几点”这种情况。你面前的大纲随时供你参考，使你的演说紧扣主题。

其次，当听众手中有一份演说纲要时，他们能够更专注于你的讲话，且可以在纲要上做笔记。事实上，尽管你准备了很多精美小册子和材料，但那一页纸的纲要才是所有准备工作中最重要的，因为听众在上面做笔记，这张纸也就属于他们了。而人们总是会带走属于自己的东西。这就是为什么要将纲要打印成单面纸的原因。这可以帮助你的听众参与并专注于你的展示，从中获得更多的信息。

提纲演说形式的弊端之一，就是可能会出现临场找不到可以准确描述论点的语言。如果你有过在做演说时因为一时没有合适的言语而磕磕巴巴的经历，你就知道问题所在了。除此之外，有时会出现结构不均衡的情况，演说者可能在前半部分投入太多时间，导致后半部分由于受演说时间限制便匆匆结束的情况。

有稿演说

有稿演说是指演说者写出完整的演讲词，演说时逐字逐句读出。演说者清楚地知道要说出的每句话及每句话的用意。由于演说词是事先经过推敲的，所有语言都是准确生动而富有感染力的，时间也能够控制得很好。一些政府发言人或是科学研讨会发言人在发表重要讲话时，通常会选择有稿演说这种形式。

但有稿演说同样存在一些缺陷。首先，人们写演说稿不会像讲话那样随意，所以有时听起来生硬不自然。其次，有稿演说的内容弹性很小，限制了演说者与听众的现场互动。最后，有稿演说需要做大量前期准备工作才能使演说听起来十分专业。

记忆演说

记忆演说是指写出演说稿并熟记。这种演说形式在过去几年十分流行，如今，很多销售人员更喜欢提纲演说形式。我个人比较欣赏记忆演说形式，它能够让销售人员的注意力集中于他的听众，这在一些正式演示中是很实用的。但是，做一次成功的记忆演说需要大量反复练习，最终牢记演说稿。这并不是虚张声势，试想一下，演说时如果你的大脑一片空白……无须多言了吧?

在演说培训课上有一个经典练习，录下专业销售人员面对客户异议时的回应，销售人员事先已经将应对异议的措施写出来并放在帽子里了。当这些异议在练习中反复出现的时候，销售人员就会意识到，如果在平时的演说中，提前练习并熟记这些应对措施，他们的语言听起来会更有说服力。

事前记忆演说词并准备客户可能提出问题的答案是非常有用的，尤其是当潜在客户只给你几分钟时间时。甚至可以直接将一些最常见问题的答案放在你的展示中。

当我为资源动力公司（Resource Dynamics）工作时，与一位叫克莱特的销售人员在同一个工作小组。她来自一个业务内容完全不同的公司，虽然她熟悉培训行业，但每次在电话中处理对公司产品的质疑时会有些束手无策。所以她来看看我是怎样通过电话处理这类问题的，我的方式给她留下了深刻印象。虽然我的演示对她有所启发，但她还是不能很好地答复顾客各种各样的问题以及对产品提出的质疑，她不知道怎样才能将我的处理技巧运用于她的工作中。

为了帮助她，我们把大量的电话进行了录音，包括对潜在顾客提出的问题及产品缺陷的回应，然后将录音整理成文字，进行校对，最后贴在墙上。这样一来，当她坐在办公桌前接电话回应潜在顾客对产品的异议时，一抬头就可以从中找到合适的回答。在她面前，是公司产品的 8 点不足，以及对这些不足的解释，所有字都是用大号字体打出的。过了一段时间，她已经将这些回应内容烂熟于心，可以将这些文字从墙上取下来了。把录音整理成文字，挂在办公桌正上方这种做法对她帮助很大。通过这个故事，我想再强调一次，将你的演说内容和对一些问题的应对答案提前记忆是很有用的，尤其当你需要快速反馈没有思考时间的问题时。在这种情形下，使用记忆应对措施的方法来处理异议是很有效的。

如何决定使用哪种演说形式

大量工作才能造就一次精彩演说，尤其当你想为每位听众或潜在顾客量身定做一次讲话时，这句话如同真理般正确。你当然可以为数位听众做同样的讲话，但如果根据客户的不同需求将他们分成小组，然后多费点时间，针对每个小组的特定需求进行演说，其效果会更好。

下面列举了几条普遍适用的准则，有助于你确定演说形式并顺利完成展示。

1. 考虑分配给你的演说时长（我们将在第 5 章详细讨论时间问题，其他几点也会在后面章节中提到）。

2. 花些时间去准备并练习使用富有逻辑性的提纲。

3. 确保演说涵盖了所有需要传达的要点。

4. 确保演说内容重点明确、条理清晰。

5. 决定你是要做大规模演说还是分组成几个小规模演说。

6. 给听众一些视觉上的享受。

7. 为听众准备一份打印好的提纲。

做一次逻辑性强、具有说服力演说的好处

你可以选择用专家视角做一次观点鲜明、鼓舞人心、令人难忘的演说，这会带来很多意想不到的收获。你也可以选择做一次柔弱无力、缺乏生气的演说，当然，这样做除了得到一句“我会再联系你”的客套话之外不会有任何效果，无法说服任何人做任何事。第一种演说能够创造出许多机会，显然第二种不会，而这一切都取决于你的选择。一场节奏紧凑的演说通常脉络流畅，能够成功吸引听众的注意力，涵盖了所有你想强调的要点，时长适中，满足听众的需求，做到了这些必定是一场富有影响力的演说。

如果没有时间做准备怎么办

人们也许会这样问：“泰瑞，如果我没有时间去准备一场高质量演说呢？”其实准备工作的重点在于仔细规划你想要表达的内容。在第 5 章，我们总结了能够帮助你在演说前一晚突击准备的提纲样例，这对很多演说而言已经足够了。你需要做的就是回顾你的实际情况和原始资料 ，然后根据你的纲要进行演说。

本章小结

- 错误 1 是临场发挥。当你临场发挥时，通常只是在浪费时间。
- 不要低估你演说的影响力，尽可能多准备、多联系。
- 四种常见的演说形式分别是无提示演说、提纲演说、有稿演说、记忆演说。
- 在做销售时，我建议选择提纲演说形式，也就是事先列出纲要，以纲要为依据进行演说。
- 如果准备时间十分紧迫，可以用本书第 5 章中的提纲示例。

下章提示：本章我们介绍了在演说中人们最普遍的错误之一——临场发挥，同时也介绍了避免这种错误的一些方法。在下一章，我们将介绍演说时另一种常见的错误——信息量太大说服性太差。

第 4 章

错误 2

信息量太大说服性太差

我们的威胁不是没得选择，而是有太多的选择，然后在无数的选择面前变得困惑茫然。

——西尔·理查德·利文斯顿

为什么这是最严重的错误

本章我们介绍在如今的销售行业中大部分专业销售人员所犯的最严重的错误。毫不夸张地说，由于这种错误十分普遍，导致公司每年要多支出几百万美元的成本。该错误就是在做演说时信息量太大而说服性太差。

如果你发现面对大量客户却很少达成交易时，就要问自己一个问题了："我的演说是不是信息量太大而说服性太差呢？"我们要正视一点，提供信息比说服别人有所行动要容易得多。销售是一项具有挑战性的工作。千万不要认为给客户介绍了大量的信息，客户就会不忍心拒绝跟你合作，从而提高成交量。

现实很残酷，客户从你这里得到大量信息后，很可能会用这些信息与其他公司进行协商达成交易。尽管我们不愿意这样想，但不得不承认，在这个过程中，我们像慈善家一样付出却鲜有回报。

确定你的角色

做演说有几种不同的风格，我们需要掌握的是说服式。当我鼓励你去说服别人，你开始也许会有所抵触。你可能会说："泰瑞，那不适合我，我不是那样的人。"或者说："我不知道要怎样做，我天生的个性决定了我不会劝导别人。"在做销售时，你要清楚你的角色和你想要的结果。无论是推销产品，服务，思想，理念，甚至你自己，你都希望客户能够有所行动。那就意味着你要试着去说服别人，而不仅仅是介绍信息。

作为销售人员，你所做的从来不是简单提供信息，你要通过传递信息而达到目的。这个建议也许会让你退却，"我并不想这样做，我不想成为一个强行推销者"。或者"我不希望客户认为我咄咄逼人"。你甚至会暗想："我不要做销售。"如果是销售人员会说："我不要成为那种人。"但我保证，我并不是让你成为另一种人，完成一场劝导式的演说也并不需要某种特定的性格，你需要学习的只是如何去表达自己，而这是所有人都要学习的。性格和有目的的传递信息完全是两回事。

三种演说风格

首先，你应当知道有三种语言风格不同的演说，分别是信息性演说、说服性演说和礼仪性演说。说服性演说与其他两类演说的主要区别有两方面：一是说服性演说是从建立一个论点开始，以促成交易行动结束；二是说服性演说要引导听众的某种行为，通常是签订一纸合同或敲定下一次约会。

礼仪性演说旨在唤起在场所有听众共同珍视的价值观，也就是演说者力图与听众产生精神上的共鸣。颁奖典礼、验收仪式、餐后演说、欢迎会以及告别会上的演说都属于礼仪性演说。

信息性演说是最常见的风格，也是销售人员最容易掉进的陷阱。当他们需要做一场说服性演说时，他们往往做成了信息性演说。信息性演说不应该成为销售人员的选择，尽管不知有多少销售人员一直在用它。如果你去调查全国销售机构中的销售人员，问他们做的是这三种演说形式中的哪一种，他们会说是信息性演说。实际上，销售人员在销售过程中所做的绝不是简单地提供信息。

信息性演说侧重于客观公正，演说者要从完全客观的角度帮助听众理解、促进合作和陈述主题。最重要的作用在于促进学习。作为一名销售人员，你是想教导顾客还是要把产品卖给他呢？信息性演说者的第一要求就是要客观陈述，不得带有个人偏见，要展示出事物的方方面面。所以，除非你将自己置身于工作之外，捧着自己和竞争对手的产品在顾客面前说："这个是我们的产品，这些是市场上我们竞争对手的同类产品，现在您可以做出决定了。"如果做不到这一点，你就不是一个信息性演说者。为什么呢？因为信息性演说者一定要无偏见，要展现出事物的两面性，要寻求合作而非竞争，要促进学习。有从事信息性演说工作的群体吗？当然有，就是老师。

我经常听人们说："泰瑞，难道最好的演说不应该把解说和说服结合在一起吗？"是的，我们希望向顾客传递信息同时进行说服，但大多数时候我们只做到了一方面，而且是不重要的那一方面。在过去 15 年多的时间里，我观看过许许多多学生培训课的录像，但从来没有对哪个同学说："你知道吗，你的演说说服性过强了，你应该再加入一些客观的信息介绍。"从来没有这种情况。因为这并不是个问题。向别人提供信息非常容易，这件事是不存在风险的。在传递信息时我们不会被拒绝，也不会担心、害怕或焦虑。有些人可能还会有这样的想法，"如果我向潜在客户介绍了足够多的信息，他们也许就会选择我的产品或服务"。在理想世界中也许有这种可能，但现实世界几乎没有。在现实世界中，为了让顾客有所行动，你必须用强有力的证据去向顾客说明为什么要与你达成交易。

停留在提供信息环节

许多专业销售人员容易出现这样的问题，即用很长时间介绍产品的特征和优势，却迟迟不说服客户采取行动。有些销售人员是说服力不够，有些则拖到演说快结尾时才展示出有说服力的材料，已经太晚了。一场以解说作为主基调的演说并不能使客户产生购买欲望，也就无法刺激客户做出购买决策。演讲结束后，客户往往会说："好的，谢谢你提供的信息！"然后，他们或者是你，就拂袖而去了。你祈祷他们会回来与你合作，哪怕只是出于愧疚。但我来告诉你，顾客不会回来也不会感到愧疚。当然，停留在提供信息的环节不会遭到顾客的拒绝，但也不会达成交易。

练习一下，试着大声重复下面这句话："作为专业销售人员，我不是只提供信息的演说者。"

就是这样，作为专业的销售人员，你不是信息性演说者，你是说服性演说者。

现在，再试着重复一下这句话："作为专业销售人员，我要做个说服性演说者。"

很好，时常重复这句话来提醒你自己。

初做销售

我从个人经历中意识到，销售演说绝不能仅仅停留在提供产品特征和优势等信息上，而是要设计得有说服力。在高中时期，我很幸运遇到了我的演说教练吉米·卡弗里奥，他从高中二年级开始培养我和其他几位同学的演说和辩论能力，后来我们有了很大的进步。到大学时，我在正式场合的演说能力出众。由于演说具有说服力，在大学一年级就获得了全国演说比赛第十三名，大学四年级时又获得第六名。这些经历听起来振奋人心，但一想到毕业后前途未卜就不再兴奋了。

由于一时找不到未来方向，我就拿着成绩单和其他学业材料去找就业咨询老师。我将所有材料放在她办公桌上，问她："您认为我应该做些什么？"

"泰瑞，我想说，你有那么出色的演说和辩论背景，你真的应该进入销售行业。"

"什么？您是在开玩笑吧！我的本科学历进入销售行业有点大材小用了吧。"（你也曾经这样想吧？）大概许多人都有这样的错误想法：只要我有了本科学历就不应该靠销售谋生。我只是其中之一。现在我知道这种想法是很可笑的，因为每个人都在销售一些东西。但我一直不想以销售为职业。

“一定还有些其他选择！”我恳求说。

“当然，你也可以到法学院进修。”咨询老师说。

“这听起来就好多了！”我欢呼道。

从内心里，我是一心想到法学院去的，于是便着手填写各种申请表。同时，我接受了当时加州共和党参议员皮特·威尔逊办公室的一份实习工作。很快我开始考虑在法学院学习 3 年需要多少开销，当时大约需要六万美元。我开心地将支出预算告诉了父母，但他们没有理会，只是让我自力更生。

在这么短的时间里怎样才能筹够学费？我只知道一种方法——做纯佣金制的销售人员。于是，我在成就集团公司谋得一个职位，这家公司给众多国内销售培训师做宣传和推广。这个工作需要经常出公差，带着成堆的宣传册飞往布法罗、纽约这样的大都市，在每个城市停留 6～8 周，游说各个公司的人来参加我们公司举办的各类大型职业培训与发展研讨会。

这个职位是严格的纯佣金制，也就是说如果你没有业绩什么也得不到。加入公司后的入职培训，包括学习传统销售内容——产品特性功能解说式销售、增值式销售和顾问式销售，都是为了鼓励人们来参加公司的研讨会。

我带着产品宣传小册子、产品特性功能的展示材料、那些慷慨激昂的录音带，激情洋溢地进入了这个行业。35 天过去了，我没有钱吃饭就快要饿死了。当你选择了一份纯佣金制的工作，也就意味着你要自己支付燃气费、电话费，当然，你还付出了时间。所以当一个月你什么也没有卖出去时，你是不会开心的！

回归基础

想到自己浪费了那么多时间，我十分沮丧，需要帮助。为了让自己感觉好一些，我决定回到大学辩论队这个我成功过的地方看看。我要重游大学校园，拜访我的演说教练，与她一起回忆那些美好的旧时光。我希望能重新振奋精神。

我走进教练的办公室，她一见到我就说："看啊，是优秀的泰瑞·舍丁回来看我们了。"我顿时感觉好多了。她说："你想要做我们的演说评委吗？"那时她正在准备一场演说比赛。

"当然可以，没问题。"我回复说。

"走出校园后你过得还好吗？"

"很好。"

"你喜欢销售工作吗？"

"糟糕透了，我讨厌做销售，我做不好销售。"

"我没有想到你会这样说。"

"真的吗？为什么呢？"

"我本以为凭借你的辩论经历，你可以做得很好。"

"噢，是的。两者如果一样就好了，但实际上它们完全不一样。"

"真是这样吗？"教练很吃惊。

"是这样的。在做销售时，先介绍产品特征和优势，随后与客户进行深入的咨询式交流，然后再介绍我们的增值服务。这与辩论是完全不同的。"

"我想看看你是怎样做的。"

"可以，改天我演示给你看。"

"就现在怎么样？"

我们坐下来，然后她又做了我曾经很讨厌的事：拿出录音带放进录音机，按下录音按钮。同时，我开始了我的演说。结束时，她按下停止键，取出录音带扔给我。

"你真的认为在辩论场上你这样的表现可以获胜吗？"教练问。

"不能，但问题在于这是两件完全不同的事情。"我解释说。

"不，它们是相同的。"她断言，"你回家后听听这盘录音带，我想你会知道问题到底出在哪里。"我听了有些不高兴，出于礼貌我找了个借口离开了，但脑子里一直在想："她懂什么？她只是大学教师。有能力的人去做事业了，而没有能力的人才留在学校教别人如何做！学术圈怎么能与实业界相提并论。"

我感到很挫败，但还是照她说的去做了，我倒要听听到底出了什么问题。我把录音带装进车载音响系统，以辩论选手的角度听自己的演说。听完后，我回到家中将全部的演说内容进行了翻新，像以往参加辩论赛一样。我舍弃了演说中大量的信息介绍。在修改过程中，我重新审视自己的演说，最终意识到了有说服力的演说与仅强调产品特征和利益的演说之间，其差异究竟是什么。

产品特征说明了它是什么，利益说明了它能够做什么，仅仅陈述这些内容的演说是无法刺激消费者购买的。从本质上来说，这样的演说属于信息性演说。当你做信息性演说时，你基本是在促使客户听后说："它很好，让我考虑一下。"

我终于发现教练对我演说的评判是正确的。在对内容做了必要修改后，我对自己做说服性演说更有信心了。后来，我的业绩提升很快，不久就成了成就集团的佼佼者。

说服性贯穿演说始终

在做一次有说服力的演说时，你需要将这种说服性贯穿始终，而不仅仅是结尾。虽然有很多演说都是在结尾处对听众进行劝导的，但将它渗透于整个演说过程效果会好很多。一方面，这样做能够让你更好收尾，减小了结尾总结时的压力。另一方面，你整个演说过程中都在引导顾客作出决策，这也减小了顾客最后一刻拍板的压力。

你应该精心准备支撑材料，集中精力去影响购买者“应该怎样想、应该怎样做”的认知。至于具体怎样做后面再讲。同时请牢记，你是要将产品、服务或是理念销售给听众。如果没有达成交易，你所做的就只是为听众提供信息，而且你自己或你老板还要为此埋单。

我并不是让你舍弃演说中所有对产品特性功能的介绍，而是希望你将辩论场上的一条准则应用于此，即要事先多做准备而不是事后应对。也就是我们应该提前准备好关于产品特性功能以及增值服务的相关支撑资料，提前了解一下客户。我们要准备好 10 个最充足的理由，告诉客户为什么要选择与我们合作，为什么要选择我们公司，为什么要选择现在开始合作。也就是说，要设计一个平衡信息解说与说服劝导、既要有逻辑论证又要有支撑材料的演说方案。

设想自己身处法庭

设想一下自己置身于法庭之上的那一刻：面前是法官，陪审团坐在两侧，起诉人和辩护律师已经准备好进行陈述。法槌落下审判开始，双方律师起立开始做开庭陈述（注意，他们开口说的可不是特点和利益！），然后通过证人证词等向法庭展示所有支持观点的论据。完成这些后以什么收尾呢？结尾陈述！这就是一场平衡了信息性和说服性的演说。如果你能够将演说看作是在法庭上论证观点，相信你可以在演说中更好地实现说服性和信息性的平衡。

围绕重点安排论证结构

一般来说，演说包含导入、主体、推论和结尾四个部分。导入主要有两个作用。第一是吸引听众的注意力。我们要用开场前 5 分钟赢得听众的关注，并使他们相信我们所要传达的内容，是值得花些时间来聆听的。

导入的第二个作用是告诉听众你下面演说的基本内容和框架，便于听众在头脑中记住并处理这些信息。你在导入时先向听众梳理演说内容的框架，以便他们能在随后听到重点内容时有所留意。这就是律师做开庭陈述的意义。所以，在导入时，你应该像律师那样说“我下面的讲话将包括 9 点或 10 点内容”。你将后面要讲的内容框架提前告知听众，能够帮助听众更清晰地将信息在头脑中归档，从而更好理解你的整个演说。

建立大脑档案系统

想象一下，在你头脑中有两个不停奔跑的负责信息归档的人。一位是“速度”先生，负责管理你每天都会用到的信息文件，总是效率很高。另一位负责管理那些你想要保留却不常用的信息文件，我们称他为“方法”先生。“方法先生”的工作效率总是比“速度先生”慢很多，但通常最终也会找到信息完成任务。当有人问你一个关于几天前看过的电影问题，活跃的“速度先生”会到处跑很快找到信息。但当有人问你一个关于 5 年前的一部电影问题，“速度先生”就无能为力了，因为这些信息已经不在他管辖的档案室。他就要打电话给“方法先生”，请“方法先生”取出文件。但问题是“方法先生”并不能很快记起文件的位置，所以一直寻找。你是不是有过午夜突然醒来想：啊！我想起关于那部电影中那个问题的答案了！这就是“方法先生”最终找到了文件叫醒了你。

在演说导入部分吸引听众的注意力，并告诉他们下面的内容框架真的十分重要。这样有利于听众归档和处理他们听到的信息，在随后听到时能够记起。

演说的主体内容

你到底要告诉听众些什么？主体内容部分包含了你的大量信息，其中应该突出 3 个要点。为什么是 3 个要点？因为很多人在听完一场演说后，往往只能记住 3 个要点。当然，你希望他们记住的是你想要他们记住的那 3 点，而不是他们自己随机记忆的。

那么这 3 个要点应该是什么呢？在一场说服性演说中，你需要回答以下问题：为什么要与你有业务合作？为什么要与你公司有业务合作？以及为什么现在就要达成合作？如果你不能很好地回答这三个问题，可能就无法完成一次说服性演说。

这里还需要讲一下，你应该如何将 9～10 个论点整合成 3 个要点。这 3 个要点是你演说的框架概述，而那些论点是用来支撑这 3 个要点的。其中，用 3 个论点论述为什么要与你合作，用 3～4 个论点论述为什么要与你公司合作，用 3 个论点回答为什么要现在合作。这样一来，你就用 9～10 个有说服力的论点，将这 3 个问题整合成了一个完整演说，同时支撑了 3 个要点。由于演说对象不同，演说时长不同，内容多少不同，因此这 3 个问题论述起来会有差异，但是终归要用论点支撑这 3 个问题的答案。试着像一名律师或一位辩论家去思考。

如果我最终没有完成这笔交易，或者没有得到这份工作，一定是因为我没有做好说服性演说，没有说明为什么应当雇用我，为什么他们要预约我，为什么要与我共同工作。没有成功不是因为你的问题，而是你的演说有问题。你的责任是将信息转化成一个逻辑清晰且说服力强的演说。我们将在第 7 章讨论如何总结和结束一次演说，以及这两者之间的区别。

说服性演说的五个特征

说服性演说的目的是影响人们对“应该怎样认为”以及“应该怎样做”的认知。而目的与信息紧密相连，所以当我们谈论改变认知时，我们就是要通过语言影响一个人的信念。听众一定要能够将你提供信息与他们自身情形相联系，从中看到你能够提供给他们些什么。下面列举了说服性演说的五个基本特征。

1．积极互动；

2．令人信服；

3．指出危害/创造需求；

4．提供选择；

5．竞争意识。

积极互动

通俗来说，互动意味着演说人和听众之间必须要有交流。一次说服性演说不能是一次简单的单向沟通。学者们将演说中互动交流的部分称为“苏格拉底式方法”。演说人或销售人员要抛出适合的问题，聆听听众的答案，然后在做结论前对回答给予回应。

> 如果你想要说服别人，就将你所说内容对他们需求的直接影响和价值摆出来。一次成功的合作谈判就是发现对方实际需求，向他们指明获得这种需求的途径，并在这个过程中获得你所需要的过程。
>
> ——赫布·科恩

我和工作室成员练习做一件事情，就是让他们尽量把潜在顾客最有可能提出的异议，设计进演说文案中，并在演说过程中予以解答。我将这种方法称为“创建前瞻型演说”。与此相反的是反应型演说，即先传递信息，然后请观众提出疑议，最后在结束前进行解答。前瞻型演说通常优于反应型演说。

令人信服

令人信服的演说一定是有逻辑的。如果论点没有经过合理安排，你会发现很难做一次激动人心的演说。下面列出了如何实现论点合乎逻辑且富有说服力的五个步骤：

1. 唤醒意识；
2. 陈述问题；
3. 提供方案；
4. 利益可见；
5. 呼吁行动。

唤醒意识

当我说唤醒意识时，我的意思是使潜在客户意识到他的需求。你所面对的客户并不是都很清楚地知道他们自己想要什么。有时候，他们对你的产品或服务毫无概念。所以我们要帮助他们意识到他们自己的需求。人们并不知道他们需要什么，也不知道你会如何帮助他们，你记得遇到这样的情况有多少吗？

陈述问题

大部分人购买产品是因为他们有需求或者有要解决的问题，而这个产品或服务恰恰是能够解决或缓解他们的问题的。一般来说，他们所面临的无非是时间问题、金钱问题或者情感问题。

提供方案

销售人员需要向潜在客户演示自己的产品或服务会如何解决他们的问题。提供解决方案是确立有说服力且逻辑性强的论点的必要一环。如果你让客户意识到了他们的问题，就有义务帮他们缓解由此产生的压力。你可以为他们提供一个解决方案，那就是购买你的产品或是服务。告诉他们这样就可以节省他们的时间、金钱，有时还可能是缓解他们的精神压力。

顾客是不是提出过你的产品或服务太贵了？如何回应这种异议，下面的故事可供借鉴。

你的时间、金钱或精力值多少钱呢？

我常常旅游，在退房时经常十分匆忙，所以总是不经意间忘掉些什么。而这次我把跑鞋忘在了房间，确切地说是一只跑鞋。回到家时，我跟妈妈说我需要再买一双跑鞋，她建议到当地仓储折扣店去买，因为她是那里的会员，这样会比到当地购物中心购买便宜不少。

以前我从来没在仓储超市买过东西，没有想到停车都需要到半里远的地方。尽管如此，我还是走到超市入口，门口有个员工负责检查来店顾客是否持有会员卡。妈妈开始在钱包中翻来翻去，这时候我们后面已经排了很多人，可能实在等不及了他们索性挤过我们冲进超市。妈妈终于出示了会员卡，我们进了超市。

由于没有专门售鞋部，我们到处找工作人员想询问跑鞋都放在哪里。但是店里没有工作人员，至少我没能找到。最后，我看到了一摞鞋子堆在那里。由于码放毫无顺序，我不得不从一整堆鞋里翻找我能穿的号码。太棒了！六号半！能够从如此杂乱的鞋堆中找到它是何等幸运。我打开鞋盒后，发现竟然仅有一只鞋，只好再继续翻找。找到之后，我用胳膊夹着鞋挤到结账柜台处。前面大概排了十五个人，他们的购物车里都装满了各种商品。我为了一双跑鞋排了二十多分钟。终于排到收银台前，工作人员却拒收我的信用卡。这说明该店拒收大部分的大众信用卡。最后，我们终于拿着鞋回到了车里。此时我们才意识到，为了省下不到十美元，竟然浪费了近一个小时，而且搞得我筋疲力尽又心情极差。

大概一个月之后，我旅游结束回到家，结果发现我的车被砸了，新买的鞋也被偷走了。一想到又要去仓储超市，我几乎要崩溃了。我想："这次我要去南海岸购物中心（加州南部最好的购物中心之一）。"我驾车到了商场，把车停在泊车员面前。他打开车门，问我要停留多久，然后面带微笑取走车钥匙，并递给我停车收据。在这里，我不用找地方停车，更不用从大老远走回商店，可以直接迈进商店。我直奔售鞋部，那里有个工作人员上前问我需要什么样的鞋子。我告诉他牌子和号码，大约过了三分钟，他就帮我找到了一双，让我试穿。“就是它了。”我说。然后他问我是用现金还是刷卡付费。他拿着我的信用卡（这期间我甚至不用离开座位），又问是想要直接穿走还是包好带走。我很高兴，请他帮我包好。最后，他将信用卡和包好的鞋子一起还给我，我在回单上签字后就离开了！

出了商场，我给了泊车员一美元费用，将车开出停车场，顺利回家了。在整个过程中，我节省了 40 分钟时间（有这个时间，我完全可以准备一场演说了），而且心情十分舒畅。多花了 10 美元，值得吗？当然值得！所以，当有人抱怨你的产品或服务太贵时，你要向他们说明这项产品或服务是如何能节省他们的时间和精力，并告诉他们这从长远来看也是在节省他们的金钱。他们的时间价值多少？在我看来，40 分钟对我来说比 10 美元重要多了。现在想想那家仓储超市，到底是给我省钱呢还是费钱呢？

利益可见

作为专业销售人员，你必须要让潜在顾客看到你产品或是服务所能带来的切实改变，看到你想带给他们的另一种生活方式。只有当顾客看到了真正的改变，才可能购买你的产品，否则他们不会相信你的产品和服务是他们所需要的。

呼吁行动

准备一次逻辑清晰的说服性演说的最后一个要素是呼吁行动，这是五个步骤中最关键的一步。如果你不告诉顾客希望他们怎么做，他们可能会曲解你的意图。他们有可能什么也不会买，甚至可能会在竞争对手那里购买。你不值得冒这种风险。如果演说的前几个部分你已经做得很好，顾客已经认同你，此时呼吁行动是完全合适的。

指出危害/创造需求

一次说服性演说本质上是要改变人们的价值观，而其中的挑战就在于向听众宣传他们暂时并不认同的价值观，并颠覆他们的现有观念。说服性演说要求你成功征服客户的固有观念。客户也许认为他们可以使用类似产品或服务，但购买它们的动机不够。如果他们真的决定购买，他们难道在遍寻其他产品之后，再回到你这里，就因为你的产品最好？

过去，销售人员卖的是产品的功能和利益，而现在就已经很困难了。在充满竞争的市场中，人们往往认为他们负担不起或不需要购买那些非必需品。他们只愿购买那些认为自己需要的产品。在这种情况下，销售人员就需要激发客户的紧迫感，从而刺激消费。遗憾的是，仅仅介绍产品特征和利益的演说不会使顾客有紧迫感。要想让潜在顾客理解他们为什么必须购买我们的产品或服务，我们就要创造需求，或指出他们不这样做时可能出现的不良后果。在这个崭新的时代，销售人员要做的是创造顾客需求，而不仅仅是分析顾客需求。

为了让顾客有所行动，你必须使他们相信如果不去购买这个产品或服务，或是雇佣这个人，他们的生活会有所不便。想要使他们相信这一点，销售人员可以选择使用危害营销。这里的危害是指什么？这是我从教我如何有效演说的辩论教练那里学到的词汇，至今我也没能找到可以更好替代词汇来描述这种方法。这是辩论家、律师和政治家常用的方法，销售人员和商人也可以用它向潜在顾客或听众陈述论点。所谓危害是指，当顾客或听众不购买你的产品和服务，或不接纳你的观点时可能会出现的问题。如果客户或潜在顾客不与你合作，不与你公司合作，不在现在就展开合作，将会出现可怕而严重的后果。但这个危害只是帮助你建立具有说服力论据的思维起点。

在如今竞争激烈的市场环境下，危害营销能够帮助你更好地销售产品和服务。问问你自己，如果那些客户不与你或你公司合作会发生什么？如果不在现在就开始合作又会发生什么？

史密斯先生的辩护

无论是什么情形，每个人都能够使用危害营销。我在讲座中最常用的一个例子就是，在一场凶杀案的审判法庭上关于被告史密斯先生的辩护问题。如果你是受害者，你会对陪审团说，必须对史密斯先生给予制裁，否则他还可能再次犯罪。此处的危害就是，如果将史密斯先生放回社会，人们的安全就无法得到保障。

那么，如果你是史密斯的辩护律师，你会对陪审团说，所有的谋杀犯都应该被关押起来。但由于史密斯并没有犯罪，如果对他进行监禁就是对一个无辜者实施制裁，而真正的凶手很可能会再次犯罪。此处的危害就是，如果对史密斯先生进行制裁，陪审团就会由于大意错判一个无辜者，更是违背了公平审判的职业责任。

在这场审判中，无论你代表哪一方，你都能够通过假设不这样去做的严重后果，来支持你的立场和观点。而这一方法在说服性演说中同样适用。危害营销的重点就是要在客户头脑中建立需求。

我们的工作是每天面对并处理潜在顾客可能遇到的那些不良后果，这听起来可能有些残酷。那些不为人喜欢的情形通过收音机、电视机、报纸及杂志上的广告被展现出来。从20世纪80年代的经济繁荣时期起，人们就在销售中开始使用危害营销方法，这是销售方式的一个转折点。到了20世纪90年代经济衰退期，这种刺激人们需求的销售方法已经比较普遍了。

我并不是说以前那些特性功能解说式销售、顾问式销售以及增值销售不重要。问题在于，这些销售方法无法实现对顾客的说服，因此本质上也就不能完成销售。太过依赖这些方法经常会使销售人员陷入信息性太强而说服性太差的误区。

在20世纪80年代，特性功能解说式销售方法十分普遍，因为那时人们持有大量金钱，可以肆意挥霍。一项产品或服务的特性功能越多，就越有人要购买。这就是该销售方法在那个年代存在的意义。后来，人们又热衷于做增值服务销售，因为他们想强化产品的重要性。当人们只愿购买自己所需产品时，情形就发生了变化。这一变化在2000年后尤为明显，不仅在商业领域如此，我们自己购买产品和服务的方式也不一样了，即有所需求时才去购买。

利用危害销售漱口水

20世纪80年代，一家十分知名的漱口水公司在产品销售中采用了特性功能解说法。他们在广告中展示了人们在各种场合亲吻的场景，传递了这样一个信息：如果你使用了这款漱口水，某个人甚至大部分人都想吻你。

在广告中，人们会看到几对情侣在不同场合接吻的场景，这就是在向观众阐释产品的功能与利益。功能是什么？是这款漱口水可以使人口气清新。利益是什么？是每个人都想吻你。当时大部分广告都是这种模式，也就是立足于特性功能解说式销售。但是2000年以后，漱口水销售状况就大不一样了。为什么会这样？因为漱口水公司需要创造更多的漱口水购买需求。广告情节也完全不同：清晨，琼斯夫妇躺在床上，闹钟唤醒了他们。他们翻了个身互致早安，而此时一团灰色气体从他们口中飘出。他们迅速捂住脸说“早上好”，然后匆忙跑去卫生间，用漱口水漱口。一分钟后，他们回来拥抱亲吻。这一广告并没有忽略产品的特性和功效，只是先展示出了顾客的需求点，即不使用漱口水的危害是清晨起床容易口臭。

占用你一分钟时间，设想一下你正在购物，一边推着购物车一边想，“我不买漱口水了”。这时，灰色气体的画面瞬间浮现在你脑海中，于是你会想：“当我早上醒来亲吻我爱人时，难道我真的想看他那痛苦的眼神吗？”当然不是这样。那么你会怎么做呢？你还是拿了一瓶漱口水放在购物车中。你现在买它是因为它是必需品而不仅仅是渴求品。购买使用这一产品可以让口腔清新，也就避免了可能出现的危害。购买漱口水不再是一种奢侈，而是人们清除清晨口臭的生活必需品，而我们大多数人清晨起床都会遇到这种情况。广告中仍然介绍了产品的特性和功效，只是放在了结尾部分。

为手机创造需求

利用危害的经典案例之一来自手机产业。还记得手机刚刚出现的时候吗？它们被认为是昂贵的奢侈品。在广告宣传中，你看到司机载着一个成功的商人穿过繁华街区。商人不时地打电话，或是询问信息，或是联系妻子，或是预订晚餐。那时手机被看作是在车上使用的电话，以奢侈品的形象进行推广。但结果是手机制造商并没有很好地渗透市场。因为手机被定位成富人使用的高档品，甚至一些人炫耀的资本。所以，这些手机公司需要改变产品定位才能够拥有更大的市场空间（我几乎能够想象到，广告代理公司的创意团队围坐在会议桌前说：“换个角度吧，如果顾客不随身携带我们的手机，将会发生什么样的可怕后果呢？”）。

于是后来广告宣传描绘了这样一幅画面：一位职业女性开车沿繁华的都市街道行驶。大概是晚上十点了，街上的人并不多。开着开着，在一个拐角处，突然车抛锚了。此时，她无助地坐在车里，看到了远处的公共付费电话。她正要下车，但又发现电话亭旁潜伏着几个流氓。一个戴着花头巾，另一个腰间挂着粗链子，还有一个拎着瓶子四周闲晃。她脸上露出了害怕的表情，观众看到广告时心里也在暗想："不要离开汽车！"

这时广告戛然而止，同样的场景又回放了一次。还是那个职业女性开着那辆车行驶在同样的街道。在同一个拐角处车抛锚了。她环顾四周看到了付费电话亭。再次张望看到了那几个流氓。不同的是，这次她拿起了手机，寻求拖车服务，而不必走出车门。在这个广告中，手机变成了必需品，是在紧急情况下能够救命的必需品。

广告指出了危害，从而创造出顾客需求。现在，你还认为这个广告针对的目标市场只是女性吗？不是这样的，我敢肯定男人对此也很关注。因为男人不能时时陪伴在姐妹、女朋友或是妻子旁边。在紧急情况下，你需要一部手机来确保自己的安全，甚至你的生命。此时此刻，价格是否昂贵已无关紧要。

轮胎广告也是一个利用危害的典型案例，也是通过可能发生的不良后果来刺激顾客产生购买需求。广告宣传中强烈地暗示可能出现的危害，如果你不使用某款特定品牌的轮胎，轮胎质量不佳可能会产生重大事故。

汽车制造商也利用危害创造顾客需求，广告设计了在车祸中人体模特被甩出车外的情节。这种危害就是，如果你不购买他们品牌的汽车，在出现交通事故时受重伤的可能就是你。

销售人员有时担心他们的产品或服务价格太高了。但这不是重点，重点是你的论证说服力不够。那么应该如何实现有说服力的论证呢？方法就是通过指出如果不购买他的产品可能产生的后果来创造顾客需求。我并没有排斥向顾客解说产品特性和功效的意思，只是希望大家在演说开始时，就抛出那 3 个最重要的论点，支撑"为什么要与你及你公司合作""为什么现在就要合作"。然后加上产品的特性和功效，最后介绍增值服务。如果按照这种模式布局演说，你就能避免专业销售人员在演说时所犯的最严重、最普遍的错误，即信息性太强而说服性太差。

如何识别危害

在大学期间，当我和辩论教练坐在一起准备辩论材料、搜集有说服力的论点时，我们要做的第一件事就是思考："危害是什么？需求点在哪里？"识别出危害是为了确定顾客的需求所在，你可以从漱口水案例中发现这一点。首先，广告公司要识别出危害，进而刺激需求。如果你不使用这款漱口水会发生什么可怕的危害呢？你可能有口臭，没有人想要吻你。于是，他们就找出了危害，顾客的需求点也随之明了，那就是避免晨起有口臭（为了创造顾客需求，请自问一下，如果客户不与你合作，不与你公司合作，不现在就与你合作，会有什么样的危害呢？）。

为了更好理解如何使用危害，我们可以看看各种电视广告。20 世纪 80 年代，“牛奶，使身体更加强壮”是一个典型的产品特性功能信息性广告。虽然广告效果很好，但请再看一下改进后的版本。一个人躺在医院病床上，虚弱无力。这时有人给他一块巧克力饼干，由于被饼干噎住了，又没有牛奶喝，他十分痛苦，无法言语。这则广告利用的危害就是如果吃很干的食物，不喝牛奶会很痛苦。

牛奶广告中有一个经典案例：情景喜剧《欢乐一家亲》的演员谈论很多美国人缺钙是因为饮食中没有摄取足够的钙和维生素，然后提到牛奶可以帮助补充这些人体必需元素。很清楚，这则广告采取的就是先创造需求，后说明特性功能的模式。

提供选择

通过利用危害，我们其实也给顾客提供了一个选择机会。有时候我们需要很具体地给出客户的可选项。最常被引用的危害就是，不与我们合作而是选择了他人是要冒风险的，因为他人无法提供满意服务。每人都有过从销售者那里受到拙劣服务的经历。如果顾客不选择你，那么他们就有可能再次面对效率低、效果差、不及时、不友好、不热情的销售者。

竞争意识

在让潜在顾客自己选择时，我们有时会表现出过于好胜了，尤其是在运用危害刺激的情况下。在提及危害的时候，我们从来不想谴责竞争对手，也不希望潜在顾客有某种受到胁迫的感觉。既要有效利用危害刺激需求，又不能过度而导致顾客有压力，这两者之间要把握好尺度。通过练习，我们就能熟练运用危害效应，刺激顾客需求，让顾客做出选择。

当然，你可能从不会在演说中提到危害这个词，它只是构建有说服力论点时，激发头脑中灵感的一个工具。

有些人可能习惯只使用一个或两个危害，而有些人则倾向于在整个演说过程中抓住一切机会使用一串危害。请铭记，运用危害只是说服性演说的一个工具。在下面的章节中，我们会讨论其他方法来帮助你更有效地说服客户采取行动。

本章小结

- 错误2，也是在专业销售演说中最普遍存在的错误，即演说时信息性太强而说服性太差。
- 大体上有三种不同风格的演说，分别是信息性演说，说服性演说，礼仪性演说。如果你是接受工作面试，需要做的是说服性谈话，因为你希望他们雇佣你！所有以销售为目的的演说都应该具有说服性。
- 说服性演说有5个基本特征；

  1. 积极互动；
  2. 令人信服；
  3. 指出危害/创造需求；
  4. 提供选择；
  5. 竞争意识。
- 如何实现论点合乎逻辑且富有说服力的5个步骤：

  1. 唤醒意识；
  2. 陈述问题；
  3. 提供方案；
  4. 利益可见；
  5. 呼吁行动。
- 不要过度。永远记住，要构建一个实事求是、真实可信、逻辑清楚的演说。

下章提示：在回顾了专业销售人员最严重的错误，即信息性太强而说服性太差之后，接下来我们要关注的是演说时间分配问题。在下一章中，我们将学习如何将所有材料有机地整合成一个有说服力的演说。

第5章

错误3

时间分配不合理

你热爱生命吗？那就不要糟蹋时间，因为生命是由时间组成的。

——本杰明·富兰克林

为什么这是一个大错误

我们已经意识到合理安排演讲内容的重要性，也选择了一种恰当的方式发表演说，但我们仍然需要对演说进行构建。这时，我们需要关注的问题是，应该在听众面前讲多长时间。

正是时间因素让很多人真正地失去了比赛资格。同样，演说者在把握时间方面也会犯两种错误——讲的时间太短或者讲的时间太长。最近，我看到一家大型出版社的老板向销售人员简单介绍公司秋季推出的新书。本来他应该对每本书进行简单介绍，因为这样才能激发起销售人员向书店店主、书店管理者以及消费者推销这些新书的斗志。他原计划讲一个小时，但结果对每本书只讲了30秒。推介会很快就结束了，大家也因此很开心。但这不是一次很好的演说。演说者对新书只进行了如此简短的介绍，那么销售人员会有多大劲头去推销该公司的这些新书呢？

当然，如果演说时间太长，听众就会认为演说者啰唆而失去兴趣。这可能是因为演说者不能直奔主题，不能快速、到位、精彩地把要讲的内容表达清楚。

> 孰能浊以静之徐清……致虚极，守静笃，万物并作，吾以观复。夫物芸芸，各归其根。
>
> ——老子

要做一个有效率的演说者，你必须对演说真正需要的时间加以控制。要做好这一点，必须练习对时间的把控能力。你应该清楚 5 分钟演说是什么样的，它和 10 分钟演说有怎样的区别。

首先，确定你有多长时间，然后设计一个符合限制条件的演说。如果演说时间限定 30 分钟，而且你已经知道演说包括 6 个部分，那么把 30 分钟平分成 6 份，你就知道每一部分大约应有 5 分钟。为了做好这一点，我建议你提前练习一遍，不要等到真正上场时再临场发挥。其次，你应该用一个实例覆盖演说所有论据。为了防止在最后时刻被要求压缩或延长演说时间，你还应该清楚有哪些内容必须讲出来，有哪些内容在必要时可以删除。

组织内容

学会组织演说内容是控制演说时间的关键，也是打造一次有说服力演说的核心。当你了解了演说的内容结构，构建演说就很容易了。当然，想拥有伟大演说家那样的演说技巧还需要一些时间，不过通过练习也是可以实现的。

有效组织论点，熟练运用支撑材料和语调，再加上明确呼吁行动，有了这些，听众没有理由不聆听你的演说。你可以列出演说提纲或全文写出演说稿，也可以两者都做。但是在拟定观点时，你应该用纸笔（或文字处理软件）写下来。下面我们看一下应该如何设计一次真正精彩的演说。

对演说进行分解最简单的方法，就是看一下一个普通演说包含哪些内容。演说提纲应该包括以下几个方面的内容：

1. 引言；

2．正文，包含以下 3 个要点：

- 为什么应该选择与你合作
- 为什么应该与你公司合作
- 为什么现在就要进行合作

3．总结；

4．结尾。

演说正文应该包括 3 个要点，这样一来，演说一共由 4 个部分组成。引言有两大作用：吸引听众的注意力并告诉听众你的演说思路。正文中包含的 3 个要点应该告诉听众 3 个方面的内容：为什么他们应该选择与你合作，为什么他们应该选择与你公司合作，以及为什么现在就要进行合作。总结部分是对演说的一个小结，在小结中，你要对演说进行回顾，并告诉听众你在演说中向他们传达了哪些信息。小结之后就是结尾，也就是你具体的行动呼吁——你想让听众在此次演说之后采取什么行动。

编写引言

引言是演说最重要的部分之一，它由 4 个元素构成。你知道，在演说开始后第一个 35 秒内所讲的内容能让听众激动不已。他们会想，“哇，这次演说可能真的很不一样”，或者“哇，这次演说比其他的，可能真的别具一格呢”。做一次令人愉快并且能给听众带来惊喜的演说是再好不过的事情了。引言还要告诉听众你的演说思路，也就是你在头脑中形成的关于演说所要包含内容的菜单。

吸引注意力

首先，用一段震撼性的陈述来吸引听众的注意力。这个陈述必须是每个人都能理解的，而且要普遍适用于各种背景。陈述完之后，通常要提炼一个兴趣点，用来把听众集中到共同关注的问题上。听众人数越大，听众越多样化，要找到一个有效的兴趣点就越具有挑战性。当然，大多数听众还是具有某些共同点的。当进行一对一演说时，你要找出你和客户或者潜在客户的兴趣点。最好用一个简短幽默的亲身经历或小例子，这样可以很好地达到吸引注意力的效果。

增强可信度

其次，引言里应该包括 1～2 个可以增强演说可信度的材料。可以是一个数据，可以是权威性刊物上刊登的事实，也可以是名人名言。这一陈述可以表现出你的专业素养和广博知识。

接着要陈述一段能够证明你下面所讲内容重要的语句。客户凭什么需要马上响应你？利用其他一些什么样的故事和证据（科学或其他方面的），才能让听众相信你下面所讲的事情很重要呢？

描述背景

引言中要陈述本次演说的时代背景，好让听众进一步关注下面的演说内容。这是从历史演进角度为演说提供铺垫，而且有助于树立你的权威形象。

做好标识

成功演说的技巧之一是做好标识，也就是用一些短语让听众知道演说的进度。标识是一种引导听众思维的方法，可以帮助他们更好地理解你在演说中将要讲述的内容。标识是对即将演说内容的一种提示，以便当你讲到那里的时候，听众能理解你并且对随后要讲的内容有所准备。我们可以把标识视为在给出支撑事实前的一个导向性综述。

恰当过渡

背景陈述和标识之后，紧接着便是一个自然过渡，这是为了将听众引入演说正文或主要部分。过渡一般用一个句子，让听众意识到你即将转入下一个演说主题。可以用这样的简单语句，比如“此时此刻，我想讨论一下……”或者“我们已经介绍了 A，B 和 C，接下来让我们将话题转移到 D，E 和 F 上”。

编写正文

任何一次演说之后，听众通常只能记住 3 个要点。当然，你希望听众记住的 3 个要点恰好是你想让他们记住的信息点，而不是他们在你演说过程中随机捕捉到的话题点。那么，你希望他们记住的 3 个要点是什么呢？对销售人员来说，演说正文需要回答以下 3 个问题：

1．客户为什么应该与你合作？

2．客户为什么应该与你公司合作？

3．客户为什么应该立刻采取行动？

正文的每个要点又应该包括 5 个部分：

1．你的论点，也就是你要讲什么或要证明什么。

2．提出该论断的依据。

3．该论点成立的理由。

4．如果不与你合作，潜在客户会面临怎样的危害。

5．你们公司产品或服务的特性与功效。

第一要点最后一部分的后面，应该有一个过渡，引导听众进入正文的下一个要点，即为什么潜在顾客应该与你公司合作。这个过渡要把随后内容和第三个也就是最后一个要点（为什么他们现在就应该采取行动）区分开。

进行总结

你可能已经猜到，在完成了对正文 3 个要点的论证阐述后，最后可能想以一个总结来结束该部分演说。此处总结是对正文内容的一个小结，在小结中你要和听众一起回顾一下讲过的内容，以便他们记住更多的信息。然后，以一个具体的行动呼吁来结束你的演说。注意，此处进行的总结不能像学校上学时那样简单。该总结应该包含 5 个明显不同的部分：

1．概括已经讲过的信息；

2．呼吁听众采取行动；

3．说明你个人的打算（也就是你将采取什么具体行动来推动交易向前发展）；

4．回顾一遍引言（使结尾更有力）；

5．如有可能，用一个新故事进一步强化你的观点。

结尾

除了小结或结论之外，所有的演说都必须有结尾。结尾是具体的行动呼吁，即你想让听众在演说之后采取什么行动或你的客户为了完成交易必须做些什么。比如，签合同或者约定下一次见面的时间。对很多销售人员来说，9 大销售演说误区之一就是只对演说给出总结，但没有结尾。在第 7 章中我们将更为详细地阐述总结和结尾的区别。

演说指南

本书第 74 ~ 76 页给出的“简用演说指南”（见表 5-3），列出了如何设计有说服力演说的概要提纲。读一遍指南，然后尝试设计一个能在下次销售中发表的演说，并进行练习。在第 72 ~ 74 页“简用演说提纲”的空白处（见表 5-2），试着组织你演说的观点。

在演说之前根据指南列出提纲是非常有必要的。我总是不断地向参加培训班的学生强调演说之前列出提纲的好处。这些好处包括：

1．便于清晰传达和有效控制信息；

2．防止演说者偏离主题；

3．便于演说者与听众分享知识，树立其可信形象；

4．促进听众互动，鼓励他们思考问题并提出异议，帮助他们树立积极心态并设定自己的目标；

5．便于形成逻辑清晰的演说形式，帮助客户或听众记住更多信息；

6．有助于构建逻辑严谨的例证，说明为什么客户应该与你合作，为什么应该与你公司合作以及为什么现在就应采取行动；

7．利于规划演说流程，使演说者清楚该在什么位置穿插一些故事和例证，这有助于指明清晰难忘的要点，使演说更具说服力和更加完美。具体内容在第

6 章将详细谈论；

8．确保整个演说的专业性。

我们应该怎样控制时间

如果你有足够的时间，一切都会很顺利。但有时候你会陷入这样一种境地：有人告诉你，“我知道你打算说半个小时，但实际上我只能给你 20 分钟”。

现在你该怎么办呢？

你应该直接回头看提纲。我建议你按照演说提纲即兴发挥。你可以这样问自己：“我的演说时间已经被缩短了，在演说中特别需要集中关注的要点是什么？”看着提纲挑选出一些关键点，然后确定哪些内容是侧重点。你可以根据需要在演说中去掉某个统计数字或者某个例子。但是，你仍然要清楚漂亮地把内容要点表达出来，只不过需要适当压缩，以符合客户或管理者的时间限制。

有说服力的演说提纲范本

在本书第 63~69 页，有两个简单的演说提纲供大家参考（见附录 1，附录 2）。第一个是完整演说提纲，它对综合性演说进行了比较详细的说明。第二个是简用演说提纲，帮你列出演说的主要内容或者核心框架。根据对演说材料的熟悉程度及对演说的熟练程度，你可以随机运用这两个提纲。如果按照提纲的步骤来做，你可以设计出一个具有说服力的精彩演说，可以更容易达成交易，听众也更容易响应你的呼吁而采取行动。

注意：并不是每个论点都需要采用危害分析，也不是每个要点都要分成 3 个小点。根据你自己的判断和个人理解灵活运用。你可以发挥自己的创造力，尝试一些新方法。假设你面临如下一次演说机会。

演说场景

设想一个董事会要对 4 家投资管理公司进行评估，并从中选择一家作为新的投资顾问。每家公司将有 30 分钟时间去演示他们公司的整体概况。你公司是备选对象之一，但并不知道竞争对手是谁。在离开会还有 24 小时的时候，你才知道自己要代表公司发表演说。本次会议遴选出两家公司进入最后角逐。因此一旦入围，就需要再进行一次更为详细的演示。

观众分析：

观众：董事会成员——通常是一个比较保守的团队。

观众规模：8～12 个人。

观众年龄：30～65 岁。

观众男女比例：60%是男性，40%是女性。

观众态度：对现有投资顾问不怎么满意。

观众知识水平：都是所在领域的专家，但是对投资领域比较陌生。

后勤信息：

设备情况：演说场所是大学校园里的会议室。

视听设备：一个液晶投影仪和一个屏幕（如果需要高端的视听设备，你们必须自己提供）。你可能还会用到宣传册子，活动挂图或者白色书写板。

时间限制：30 分钟演示时间外加 15 分钟问答时间。

发言位置：在会议上确定。

演说人：加利福尼亚州纽波特海滩市光谱资产管理公司（Spectrum）的雷恩。

附录 1　完整演说提纲

一、引言

1636 年在荷兰，一枝稀有郁金香的价值相当于 108 公斤小麦，8 头猪，12 只羊，5 桶啤酒，1 000 磅奶酪，一张床，一套好西装。

设想这样一个故事：在那一年，一艘满载外国货物的轮船船长看到一个外形独特的“洋葱”。在一船精致丝绸货物中间，这个“洋葱”显得有点格格不入。于是，那位船长把这个“洋葱”当午餐给吃了。船到岸后，那位船长被送入监狱关了近一年时间，原因是他吃掉了一枝价值相当于全船货物与水手一年给养的郁金香。如果船长早知道这枝郁金香的价值，他绝对不会吃掉的。然而到了第二年，同样的郁金香的价值就下跌了95%，一枝郁金香也就只能换一只羊了。

二、演示要点

你要清楚，公司其实就是一艘船，作为董事会成员，你的职责就是一名船长，你最关注的就是公司投资组合的增值保值。在光谱公司，我们知道哪些郁金香不能吃，知道多少只羊可以换一枝郁金香，知道什么时候卖出郁金香可以获得最大的投资回报。我们愿意代理贵公司的投资理财业务，并根据我们的研究和经验，充分考虑到贵公司的便利程度，专门设计一套能够满足贵公司特殊需求的投资组合策略。

三、强化自己的观点

我们公司真正具备能够满足贵公司特殊需求的独特优势。进一步解释：有数以千计的投资管理公司可供选择，但您只需要选一个，那为什么要选光谱资产管理公司呢?

1．我们会让大家了解原来不曾知晓的东西（展示3分钟的短视频）。

2．大多数人肯定听说过圣经《撒母耳记》中大卫决战歌利亚的故事。我们就是歌利亚世界中为你们效劳的大卫。

解说：非利士人和以色列人，敌对双方正列阵准备战斗。非利士方的一位武士歌利亚向以色列人讨战，要用一对一决斗来决定战斗胜负。歌利亚是一位力大无穷的巨人。以色列人极其害怕，无人敢于迎战，因为一旦站出来必然陈尸阵前，且让以色列输掉一切。许多天之后，以色列一位名叫大卫的年轻牧童挺身而出。他表示愿意迎战歌利亚，以证明对神的忠诚。两人在战场上相向而立时，面对这个既没有剑又没有盾的年轻人，歌利亚轻蔑地嘲笑起来。当然我们都知道结果，大卫拿出投石弹弓，装上石子，甩动弹弓将石子发射出去。歌利亚应声倒地，被大卫所杀。在投资理财公司中，有许多“歌利亚”式的人物，而我们就是在这个充满歌利亚的世界中为你们效劳的大卫。

四、给出标识

我想通过一个简单演说，阐述我们光谱资产管理公司将如何满足贵公司投资管理的需求。首先，做一个简单自我介绍。其次，和大家分享一下与我们公司合作的好处是什么。最后，探讨一下现在就与光谱公司合作的优势在哪里。

五、为什么选择与雷恩合作

作为公司的负责人，只有贵公司成功，我才能获得收益。如果你们不成功，我也就不会得到任何利益。我们再看看那些标准的理财经纪人是怎么做的呢？不管他们的建议是好是坏，不管贵公司是盈是亏，他们都照样从你们这里拿佣金（注意，开始指出危害了）。而对我来说，只有你们获益了，我才能有收益。从这个意义上讲，我其实也是公司主人（此处，解释并讨论了相对于标准的投资管理者，与公司负责人合作的特点与利益。）

我不想说一些难懂的行话来故弄玄虚，更喜欢用清晰、简洁、直接、通俗易懂的语言进行交流，让你明白关于投资组合的所有事情。在我们业内有两种类型的人：一种人是告诉你你想听的东西，而另一种人是告诉你你应该听的东西（解释为什么与雷恩合作时，你能得到所需的直接建议，从而帮助你做出有效决策。而与别人合作则达不到这一点，进一步指出危害）。

我既然承诺了不只是提供核心服务，我就会说到做到，而且不会再额外收费。对你们来说，我是资源（这是论点或要点），我可以针对投资组合质量、股票转让证书、神秘股票价值确定以及财产规划等方面提出相关建议，还可以在融资收购和建立慈善基金方面提供帮助（用特点和好处进行解释）。

六、为什么应该选择光谱公司

我们绝对是独一无二的，因为我们专注于个人投资组合管理，可运作的资金范围从 50 万～2 000 万美元（论点/要点）。

这对你们来说意味着什么呢？因为我们是专业化的公司，所以可以在定制、服务、定价及防御策略方面会比竞争对手做得更好。打个比方，假设你想让投资顾问为你烘焙一块饼干。他们会怎么做呢？他们就像业内大面包房，先弄好面团，然后拿出饼干模型切割刀，切出相同形状的饼干，再卖给每个人。而我们就好比是专业面包房，做的是定制饼干。你想要一个“姜饼人”，我们就切出一个“姜饼人”。你想要蛋糕，我们就烘焙蛋糕。你想要在蛋糕上写“儿子，生日快乐”，我们就按你的要求做出这样的蛋糕。而大公司可能会在你们需要

“姜饼人”的时候，却只能给你提供普通的薄饼（危害）。在光谱公司，我们会向顾客提供定制烘焙的饼干，而且价格比竞争对手大批量生产的饼干更优惠。举出证据：近来，我们已经为很多客户提供过这种定制服务了。如果你们想与他们沟通以便了解一下情况，我很乐意安排你们会面。

我们是强大的防御型公司（论点/要点）。如果你有 100 万美元，但第二周就变成 70 万美元，这时你关心的就不是相对投资业绩问题了，而是你的一部分钱没了。我们的目标就是要规避这种风险（补充要点）。这就像打垒球，我们必须立足于安打，而不是全垒打。在巴比·鲁斯时代，他打出了最多的全垒打，但同时他的败局也是最多的。在垒球比赛中这样很好，但是在投资理财中，补回损失的资金所需时间太长（危害）。假设你损失了 50%资产，为了保本你就必须用剩余 50%资产去赚 100%的利润。但如果你只损失了 20%资产，那只需用剩余 80%资产赚 25%的利润，这就相对容易多了。很自然，我们的重点是坚持零投资损失战略。

七、为什么现在就要合作

为什么比起目前那些资产管理公司，你们应该转而与光谱公司合作？魔鬼出现后每个人都会有宗教信仰，那么为什么不在魔鬼出现之前就明确宗教信仰呢？比方说你现在有 100 万美元，而且从现在起 6 个月后就只剩下 70 万美元了。你会做何感想？世界上最富有的三种人，就是那些“想做就做、能做就做、该做就做”的人。有时候，什么都不做可能比采取行动付出的代价更大（提出危害），毕竟采取行动的时间应该在事情产生严重后果之前。产生严重后果之后再采取行动就为时已晚了。

一旦成为我们的客户，我们会马上通过非情绪化的退出策略来保护和捍卫你们的资本。在我们行业中，个体投资者和专业投资者的最大弱点是，他们选择的卖出时机非常糟糕，总是该卖的时候不卖。而我们所有业务，都设有一套开始卖出和停止卖出的提醒系统，既可以避免重大损失，也能使我们在做卖出决策时排除情感干扰。这样就能既保障客户的资本安全，又能确保在行情上涨时客户获得资本增值收益。对客户来说，这意味着更低的风险。

我们采取的是稳固的增长战略。很遗憾的是，大多数客户都是在遭受了极大痛苦和重大损失后才与我们合作的。出现这种情况的原因是他们总是在事后才做投资决策，而不是提前主动地做决策。

例证：1994 年，光谱资产管理公司的所有机构账户都是获利的。与之形成鲜明对比是，加州橘郡公司（County of Orange）则损失了 127 亿美元，濒临破产。如果橘郡公司当时采取和我们一样的战略，它也是可以赚钱的。1994 年的政府债券市场形势是 1927 年以来最糟糕的，但光谱公司管理的政府证券共同基金最终仍排在全国第三。所以，即使在最糟糕的情况下，我们公司仍可以维护住客户的利益。我们保护了客户们来之不易的资金。我们现在也同样愿意为贵公司效劳。

八、进行总结

1．概括已讲信息（快速回顾一下演说的关键点）。

2．呼吁采取行动。约定下次见面时间，以便演示一个更加详细的方案（向他们开拓业务）。

3．个人意向声明。（你会怎样做来推动业务关系向前发展？）告诉他们你将如何竭尽全力地制订一个可以满足他们特殊需求的定制行动计划，并对如何实施投资战略进行详细解释。

4．回顾引言。在光谱公司，我们愿意尽一切可能为贵公司获取利益，我们将很荣幸成为你们的理财代表。

九、结尾

结尾之后，还要思考几个问题。第一，演说之后期望听众会采取什么行动？答案当然是希望他们邀请光谱公司和雷恩进入第二关演示。第二，他们愿意交多少预付款？他们是否愿意现在就和我们签合同或者约定下次见面时间。

附录 2 简用演说提纲

一、引言

1．吸引注意力：郁金香的类比。

2．用一个简短的故事来集中大家注意力：船长吃“洋葱”的故事。

3．建立合作关系的目标：获得他们的业务，并且凭借知识、研究和经验为客户提供建议。

4．他们为什么要听你的？

我们确实有能够满足你们特殊需求的独特优势。有数以千计的投资管理组织供你们选择，你们仅需从中选一。

5．为什么你们应该选择光谱资产管理公司呢？

（1）我们会让你们理解不曾知道的东西。

（2）我们就是歌利亚世界中能帮你们克敌制胜的大卫。

（3）提供背景知识：用两个例证对上面列出的问题进行详述。

（4）标识：告诉听众你的演讲思路及你将要讲述的 3 个要点。

① 为什么应该与雷恩·凯利合作？

② 为什么应该与光谱公司合作？

③ 为什么应该现在就进行合作？

二、正文

1．要点 1：为什么应该与雷恩合作？

（1）作为公司负责人，我的收益只能源于你们的成功，如果你们发展得不好，我也不会获得很好的收益。

（2）摒弃行话：我会用清晰、简洁、直接、通俗易懂的方式进行交流，便于大家理解投资组合领域的相关业务。

（3）既然我承诺不仅是提供核心服务，那么我会真正地说到做到。

2．要点 2：为什么应该与光谱资产管理公司合作？

（1）公司简介：提供一个坚实的基础，并让听众对你们公司有个大致了解。

（2）我们在以下几个方面做得比竞争对手要好：

① 定制化

② 服务

③ 价格

④ 防御策略

3. 要点 3：为什么要现在就进行合作？与现有资产管理公司相比，你们为什么应该转而与我们光谱公司合作？

（1）一旦成为我们的客户，我们会马上通过非情绪化的策略来保护和捍卫你们的资本。

（2）我们提供一个坚实可靠的增长战略。

（3）即使在最糟糕的情况下，我们也会保护你们的利益。

三、总结

1. 快速回顾演示要点。

2. 呼吁听众采取行动：寻求第二次见面的机会。

3. 个人意向声明：第二次见面的目标是竭尽全力制订行动计划，并实施投资策略。

四、结尾

询问他们愿意交多少预付款。让他们签合同或者确定下一次见面的时间。

一次平衡的演说

我的导师弗洛伊德·威克曼是一位传奇的演说家和培训师。他说他的导师金克拉曾告诉他："如果你想让一个故事或者一次演说更精彩，你就要把它讲得更短一些。"很遗憾的是，人们常常曲解了这句话的含义，总以为这表示"我必须把演说设计得很短，然后讲完就离开"。这必须找到一个平衡点。这就是为什么我们要强调不能滥用分配的演说时间。平衡意味着要合理利用演说时间，既要充分表达你的想法和观点，又要尊重听众的时间，而且要考虑人们注意力集中的持续时间段。成年人往往希望快速简洁且密集地获得信息，然后就可以离开了。

从提纲开始

利用演说提纲中的格式来设计演说内容。你可以在第 71 ~ 74 页演说提纲通用信息表及简用演说提纲中的空白处（见表 5-1，表 5-2），填写相应内容，设计和练习下一次演说。你会发现，这很容易将其整合成一次成功的演说。把这个提纲表复印下来或输入电脑中，这样就很容易根据不同客户要求，适时更新演说提纲。经常列演说提纲，就会越练越熟。

隔夜演说

现在你已经知道如何利用长短演说提纲了，那么想象一下自己身处下面所述的情形中会如何。

一次千载难逢的机会

下午 3 点半，你正坐在桌子前工作，离下班还有半天，此时区域经理走了进来。

“琼，我想找个人替我参加明天早上副总裁召集的员工会议。我知道这是临时的通知，但实在没办法，我刚接到电话，总部让我回去，明天早上 8 点半的航班，你能帮帮我吗？”

“当然可以。”你回答。你太想取悦经理了，还根本不知道明天会议的内容。

“太好了，”她说，“事情是这样的：我们必须让财务委员会相信投资‘领导者’（Bellwether）项目的重要性。要求明天必须提交所有预算申请，逾期便不会考虑下一年度的投资预算了。一旦错过机会，项目在三年半内就无法开始了。如果及时提交预算申请，该项目在 18 个月后就可以开始。但我们现在还不能提前编制相关资料，因为合同商的估价还没有送到我们这里。”

“好，那需要我做些什么呢？”你问。你可能会感觉有点困惑和紧张，因为这是一次很重要的演说，但是你没有充足的时间来准备。

“需要确保每位委员都能理解该项目，确保他们承认该项目的重要性，并让他们相信该项目在 5 年内能收回成本。你应该知道，这一点是非常重要的。这是所有相关的资料。”她把 8 个巨大的文件夹放在你桌子上，然后说，“谢谢你，琼，在你的考核中，我不会忘记这一点的。”

看着她渐渐远去的身影，你开始思考现在应该做什么。

职位提升

这次演说很可能给你带来更好的工作机会。虽然它不是一个典型的销售场合，但其中也包括了隔夜演说的内容，因为这种情况在商界时常发生，而且可能就是一次销售演说。虽然你没有时间制作精彩的录像带或者 DVD 展示，甚至没有时间制作相关视图，但你依然可以组织一次有说服力的口头演说，从而打动财务委员会通过你的预算申请，顺利实现经理所设定的目标。考虑到听众的层级，在委员会面前进行一次精彩演说很有可能给你带来事业上的提升。然而，要实现这一点你必须给听众留下深刻的印象。

你会看到空白的演说机会通用信息表样本（见表 5-1），后面还有简用演说提纲和简用演说指南（见表 5-2，表 5-3）。

表 5-1　演说机会通用信息表

一、演说的目标是什么？________________________________

____

____

____

二、听众信息分析。

1．听众是什么人？________________________________

____

2．观众规模有多大？________________________________

____

3．听众的平均年龄是多少？________________________________

____

续表

4．听众的男女比例是多少？______ ______ 5．观众的态度是怎样的？______ ______ 6．观众的受教育程度如何？______ ______ 三、后勤方面的信息。 1．设备：______ 2．视觉辅助设备要求：______ ______ 3．分配到的演说时间：______ 4．在你前后的演说者都是谁？______ ______ ______ ______

表 5-2　简用演说提纲

引言 1．______ 2．______ 3．______ 4．______ 5．______ 6．______ 过渡______ 正文（包括 3 个要点） 1．______ 2．______

续表

3．

正文要点 1

1．____________________

2．____________________

3．____________________

4．____________________

5．____________________

过渡____________________

正文要点 2

1．____________________

2．____________________

3．____________________

4．____________________

5．____________________

过渡____________________

正文要点 3

1．____________________

2．____________________

3．____________________

4．____________________

5．____________________

过渡____________________

总结

1．____________________

2．____________________

3．____________________

4．____________________

续表

5. ______
结尾
1. ______
2. ______

表 5-3 简用演说指南

一、引言

陈述要做到以下几点：

1. 吸引听众注意力。
2. 集中注意力（最好用简短幽默的亲身故事或典故）。
3. 增强目标的可信度（目标是建立合作关系）。
4. 让你要讲的东西显得很重要（为什么客户应该听你演说）。
5. 提供背景陈述。
6. 标识（告诉大家你的演讲思路及你要讲的 3 个要点是什么）。

过渡——让听众知道你即将进入演说正文。

正文（通常有 3 个要点）：

在正文中，你应该全面论证为什么要完成这次业务交易。分别列出要点，每个要点都要有论据。

1. 为什么潜在顾客应该与你合作？
2. 为什么他们应该与你公司合作？
3. 为什么他们应该现在就进行合作？

二、正文要点 1

解释为什么潜在客户应该与你合作（作为个人），想出 3 个最重要的理由。

1. 你的论点（要证明或者要讲的内容）。
2. 提出该论断的依据。
3. 论点成立的充分理由。
4. 指出危害（如果不与你合作他们将会承担什么风险）。

续表

5．列出你本人的特性和好处。

过渡——让听众知道你将进入下一个要点。

三、正文要点 2

给出关于他们为什么应该与你所在的公司合作的一个纲要。

1．你的论点（要证明或者要说的内容）。

2．提出该论断的依据。

3．论点成立的充分理由。

4．指出危害（如果不与你公司合作他们将会承担什么风险）。

5．列出你公司的特性和好处。

过渡——让大家知道你将进入下一个要点。

四、正文要点 3

告诉客户为什么现在就应该进行合作。

1．你的论点（要证明或要说的内容）。

2．提出该论断的依据。

3．论点成立的充分理由。

4．指出危害（如果现在不进行合作他们将会有什么风险)。

5．立即采取行动的利益和好处。

过渡——让听众知道你要开始对演说进行总结。

五、总结

1．概括已讲信息。

2．呼吁采取行动。

3．说明你个人的打算（也就是你将采取什么具体行动来推动交易向前发展）。

4．回顾一遍引言（收尾更有力）。

5．讲一个强调演说要点的新故事（可有可无）。

在这个时候，你可能会让他们提出一些问题。

六、结尾

现在你要呼吁客户采取具体行动。演示结束后，你希望听众采取什么行动？在演说

续表

结尾，一般应该向客户给出两个典型的要约选择： 1．签订合同。 2．约定下次见面时间。 如果客户不愿意立即作出承诺，并在正式合同上签字，那就和他们约定下次见面的确切日期，这一点非常重要的。尽可能不要让客户把行动向后推迟。

把工作完成

一次成功隔夜演说的秘诀在于仔细安排要讲的内容。运用 71～74 页空白的演说机会通用信息表和简用演说提纲表，审视一下你手头现有事实并收集相关材料，你会发现空白页很容易填写。如果你根据提纲来准备演说，一定会取得成功。最后呈现出来的就是一个逻辑清晰、阐述明确、说服力强的演说。

本章小结

- 错误 3 是时间分配不合理。在特定时间限定下有效构建一个内容均衡的演说，是成为一位优秀演说者的重要因素。
- 有效控制演说时间的关键在于合理组织演说内容。
- 典型的演说一般包括 6 个部分：引言，正文的 3 个要点，总结和结尾。
- 演说内容与演说时间要平衡。比如，30 分钟演说时间平均分到 6 个部分，每个部分大概 5 分钟。
- 隔夜演说也是可以做好的。准备演说时，可以借助空白的演说机会通用信息表和简用演说提纲表。这对你来说可能是一次绝好的机会。

下章提示：我们已经知道怎样构建一个演说，也明白怎样控制好演说时间，接下来我们了解演说者常犯的下一个错误，即支撑材料不充分。

第 6 章

错误 4

支撑材料不充分

如果你想说服某人，不光要以理服人，更要引起大家兴趣。

——本杰明·富兰克林

大部分人在演说时，他们的论点并没有完全获得读者认同，原因就在于其论点缺少充分的材料支撑。这就削弱了他们的可信度和信息沟通的有效性。简单的事实是，在大多数情况下，仅靠论点去说服听众采取行动远远不够。你必须借助能够拨动听众心弦的各种实事和故事来支撑你的言论。

缺乏材料支撑的演说非常普遍。创造性地阐述观点有助于演说更加贴近生活。如此一来，听众就会更容易理解和记住你所说的话。在 21 世纪，随着大量信息对公众开放，客户们能够更便捷地了解信息，也更容易比较你的产品和服务与竞争对手之间的差异。如果要获得客户的业务，你必须具有较高可信度，且能提供一个满足买家或决策者各种具体需要的方案。将相关支撑材料整合到演说中，将有助于你实现目标。

支撑材料包括趣闻、类比、定义、例子、故事、统计数据及证书等。你应该不断收集各种材料，并将其保存在一个特殊的演说“创意文件”文件中。当你把这些材料融入演说框架或大纲时，你的演说便会变得妙趣横生，引人入胜。

实现可信度

我们喜欢把自己想成是值得信赖的。然而在客户眼中，我们是一些从信任者所购产品中攫取利润的家伙，是不值得信任的。再联想到历史上销售职业往往背着违反职业道德的臭名，你就会意识到为什么建立可信度是非常重要的。《可信度：领导者如何赢得如何失去，人们为什么需要它》一书的作者杰姆斯·M·库泽斯和巴里·波斯纳坚定地认为，“可信度主要是指人们言行一致的程度。人们听其言观其行，衡量两者是否一致。如果一致，就可以判断是可信的”。

个人和信息的可信度

顾客在决定是否相信你之前，会评估你及你所提供的信息。增强自身与所提供材料的可信度有助于你更具说服力。我并不是过分强调让人听起来可信的重要性。但是客户如果不相信你本人或你所说的话，他们也会对你所卖的产品非常失望。

如果连你都不信任自己所售产品或所代理的服务，那会怎么样呢？结果不言而喻。所以一定要找一些能表示你可信任的支撑材料。一定要给听众留下你所传递信息及你本人是可信的印象。

支撑演说的常用方法

在演说中加入支撑观点的材料，不仅会增强你的可信度，也会让演说听起来更有意思。下面列出了 8 种支撑演说的常用方法。

1．逸事；

2．类比；

3．定义；

4．举例；

5．统计；

6．证言；

7．假设；

8．反问。

适当使用以上 8 种方法，可使演说变得真实可信，否则你只能凭借与客户的私人关系来获得信任。一个使用多种支撑材料的演说，听起来更具有说服力，也更加可信。让我们简单讨论一下每种方法，便于你理解这些方法及如何发挥作用的。

逸事

逸事是支撑材料中最有效的工具，也就是一个可真可假简短幽默的小故事。逸事能让你用一个大家都能听懂但并非商业领域内的小故事来传递相关信息。这样能引起听众兴趣，也能让大家记住你的观点。在演说中穿插一个逸事，也能让人感觉你是一个亲切和善脚踏实地而且可爱的演说者。

类比

类比就是对不同环境下的类似特性进行比较。比如，可以把患有动脉硬化症病人的动脉与冬天逐渐冻结的河流进行类比。在向听众解释一个新事物时，采用类比方法是非常有效的，因为他们可以比照熟悉的东西来理解新事物。销售人员经常会向潜在顾客介绍新产品新服务。为助于他们理解新旧产品之间的差异，销售人员往往采用类比法。

定义

大多数人都知道，所谓定义就是对某事物精确含义或重要性的描述。在演说中运用定义，能增强演说者的可信度，因为客户会觉得销售人员知识渊博。运用定义也会减少沟通失误的概率。

当你使用某个特定行业的专业术语时，精确定义这一术语就非常重要。为了能让听众明白，有些术语需要将其口语化，有些术语则需要给出定义。当人们一旦理解了定义，就会突然感觉和你拉近了距离，这就增强了你的可信度。定义有助于顾客理解你所要表达的意思，引导顾客跟随你的思路走，这样你们的交流就会更顺畅。

举例

例子其实就是某类事物的一个代表。我们经常用例子来阐明整个观点，讲清楚产品利益和风险所在。我们也经常用例子演示某个东西如何使用，如何才能避免将来可能出现的问题。你可以用例子来说明，如果顾客不购买你的产品或服务，将可能出现什么样的情形（或可能带来什么危害）；而如果顾客购买了你的产品或服务，又能得到什么样的利益和好处，可以具体显示产品是如何增加快乐减少痛苦，或者节省时间和金钱的。请记住，演说中引用的例子必须与听众息息相关，才能起到效果。

统计

我们认为统计是一组有意义的数字。从更广泛的角度看，统计是关于组织和解释数字数据的一个数学系统。运用统计是确保人们相信你所说的一种非常有效果的方式。至于效果好坏，则要看所用数据是否令人震惊。但如果统计数据太多，也会让听众浑浑欲睡，起到反作用。如果在统计数据上再加一些逸事或证明书，就很容易给顾客留下深刻印象。

证言

某个特定真相或事实被正式公开或记录下来的陈述，我们称为证言。在演说中加入一些证据，就可以借助他人的声誉，来强化我们所宣讲话题的可信度。

引用证言可以这样说，“你看，这些人很紧张，就像你一样”；或者“这些人很焦虑，就像你一样。但他们却一直往前走并放手去做。现在看他们是多么幸福啊。他们还给我写了一份感谢信呢”。当然，给出证言的人必须在潜在顾客心目中占有重要地位，所引证言才会有效果。在演说中适当引用证言非常重要。

假设

假设是我们通过假定来强化论点的一种方式。我们问，“如果我们能证明该机器在6个月内可以收回成本，你会怎么办呢？你愿意购买它吗”？这就是创造一个假设情景来解释我们的观点。

反问

所谓反问问题，就是指答案很显然甚至不需要回答的问题。销售人员就经常向顾客提出反问，比如，“我们有多少人听客户说过‘我想要考虑一下’呢”？

这些问题会帮助销售人员与顾客建立起融洽的关系，表明我们身上有很多相似的地方，彼此之间有共同的纽带。比如，反问问题可以这样说：“我很愿意听你讲讲，因为你去过的地方和经历过的事，我也去过也经历过。对你将来要做的事情，我会设身处地地提出建议。”这种形象必然会提高你的可信度。

开发创新性销售想象力

创新几乎能解决任何问题。通过独特构思，采取创新行为，打破习惯羁绊，就能够克服一切。

——乔治·洛伊丝

在销售专业技能中，最容易被忽视的工具就是创新性想象力。谁说销售不需要创新？针对不同听众构建一个有效的有说服力的演说，这需要巨大的创新力量。虽然每个人天赋不同，但创新力可是与生俱来的，而且也会像其他技能一样得到增强。创新力需要主动性和自律性。然而很多时候人们会说：“那听起来是很不错，但是你知道吗，泰瑞，我可是个没有创新性的人啊。”这是瞎说，你当然也有创新性，只不过因为你最近没有利用右侧大脑的创新功能，所以一涉及商业活动方面，你感觉缺乏创新性。

大多数人一想到自己要从事商业活动，他们就变成了线性思维。他们就不知道怎样把自己的个性、创新力及活力运用到信息传播中。开始学着营造一个能释放自己的潜能和积极性的环境吧！

创意的两大来源

创意来源于两个方面，一是借鉴他人的，二是自己独创。大多数好创意是将两种来源融合的结果。著名法学家奥利弗·温德尔·福尔摩斯曾写道：只有经过大脑提炼后的创意，才是真正的好创意。借鉴他人创意并加以改进，不啻为一种塑造自己演说风格的可接受的创新方法。

重要的事情往往与众不同且令人难忘。你应该发挥自己创造性想象力，去发掘演说所需的支撑材料。也就是说，你要发掘自己的逸事并寻求与众不同的证据来支持你的论点。而我们的日常生活往往就是这些创意的源泉。在演说中讲一些自己亲历的故事，这让客户听起来会更有意思，也有助于他们更好地了解你。

下面给出了如何塑造一个充满活力和创新性演说风格的 12 个关键点。我们将详细介绍每个关键点。

> 幸福在于获得成功的喜悦及创新努力的激情。
>
> ——富兰克林·D·罗斯福

塑造充满活力和创新性演说风格的 12 个关键点

1. 创新环境。
2. 读书。
3. 听一些有声读物，看一些教学视频。
4. 读报纸、期刊和杂志。
5. 组建头脑风暴小组。
6. 寻找一个榜样。
7. 参加课程班、研习班、研讨会和会议。
8. 看电视电影，看喜剧表演。

9．借鉴其他演说者。

10．访问顾客与竞争对手。

11．加入专业协会或委员会。

12．寻找一位导师。

创新环境

我的同事迈克尔·杰弗里斯是一位教练兼知名大众演说家。他讲过一个关于螃蟹的故事，描述了如果你处在一个不创新的环境中，会发生什么事情。你捉了几只活螃蟹，把它们放在一个水桶里，你不用在水桶上盖上盖子，因为螃蟹不会爬出去。为什么呢？当一个螃蟹想爬出去，其他螃蟹也向上爬，结果抓住它后又把它拉回来了。很明显，螃蟹是不喜欢其他螃蟹走在它前面的。

如果你捉了一只螃蟹，把它放在一个水桶里，你就必须在上面盖上盖子，因为这只螃蟹一直尝试着往外爬，结果是要么爬了出去，要么死在里面。现在我们必须问自己一个问题：我们是桶里的那只螃蟹吗？如果我们想要靠自己的本事离开，我们能实现吗？

我们都听过“同病相怜”这句话。其实，平庸也相伴。这种想法其实就是：“好吧，让我们一起变得平庸，这样就没有人鹤立鸡群了，也没有人会给我们施加压力了！”如果你是那只想要逃出水桶的螃蟹，你必须应付那些想爬上去把你拉下来的螃蟹。为什么呢？因为如果你想逃出去，你就给水桶里的其他螃蟹施加了压力。它们有两种选择：或者跟随你一起逃出去，或者抓住你，然后把你拉下来。那只富有雄心的螃蟹要把其他螃蟹一起拉出水桶是非常困难的，但那些待在桶底的平庸螃蟹要追上去抓住那只试图离开的螃蟹把并它拉下来，相对而言就容易多了。这就是为什么有时候你要自问一下，如果你是一只待在桶里的螃蟹，你会怎么办呢？你必须脱离那种环境。

你可能听到人们说过一些类似的事情，比如“我记得，我和约翰刚开始工作的时候，他真的很好，我们下班后经常一起闲逛，喝几杯啤酒。但是现在，他除了工作还是工作，完全成了金钱的奴隶。而且还特别能拍马屁。对于像约翰这样的人，我太失望了，他们没有把工作和生活平衡好”。而事实却是：约翰只不过是想做得比别人更好，他自己想从水桶里爬出来，离开那一群待在桶底的螃蟹。

但在一个创新环境中，你周围的人无论是个人的亲朋好友还是同行同事，都会这样说："自我挑战，勇往直前，丰富你的思想。要制定远大目标。不能流于平庸。"说实话，流于平庸很容易，卓尔不群却很难。如果你发现所处环境不能让人振奋，就自问一下，你是否沉溺在一桶螃蟹中。

读书

书是人类最安静的相伴一生的朋友；是最易相处最有智慧的顾问，是最好的老师。

——查尔斯· 艾略特

开拓视野的最佳方式，也是经典方式，那就是读书。事实上，我们应该读许多书，越多越好。我知道，这对大多数人来说并不现实，因为在这样一个快节奏的世界里，他们既要忙于工作，又要照顾孩子，还想看看电视，哪有时间读书呢？但是读书会让你增长才干。目前在我们国家，书籍成为被最低估的资源之一。如果你比竞争对手更博学多识，更能言善辩，那么你就能获得更多业务，取得更好绩效。如果你还没有图书证，赶紧去办一个吧。因为图书馆是向大众免费开放的，一张图书证能让你享受当今美国最具教育价值和娱乐价值的知识。我的同事吉姆·罗斯谈到一个事实：虽然免费，但在美国也只有不到10%的人具有自己的图书证。

你先读一本书，然后再去看场电影，哪一个效果更好呢？大多数人会说还是读书比较好。为什么？因为在读书过程中，你所想象的空间要远比好莱坞顶级制片人和导演制作出来的场景还要好。读书好处太多了。它能开阔视野、提升思想境界、丰富言谈词汇和句子结构、激发创新力、完善思考过程。可以说，读书有百利而无一害。但我们经常宣称自己没时间，或者我们只阅读一些商业书籍。我们欣赏那些充满活力的人，他们热爱读书、生活多彩、经历丰富。你希望他们出现在你的聚会上。为什么呢？因为当他们说话时，人们愿意去听。

听一些有声读物，看一些教学视频

现在市面上有数以千计的音频类书籍，甚至有的书店专门经营励志类书籍。

音频书籍也可以在图书馆里获得。一边驾车一边听书是一种很棒的享受，尤其是在遇到交通拥堵时更是如此。音频书也可以通过邮购获得。销售主管要经常出差，平均每周花费在车上的时间大约为 10~12 小时。我们假设一周平均有10小时在车上，一年52周，那就是520小时。这真是一个很漫长的时间。我们完全可以从中拿出 10%到 20%的时间去听一些职业发展规划。少听点音乐CD，多听点职业发展的音频书或《纽约时代》排行榜的畅销书吧。这能丰富你的思想和创新力。坚持下去，你就会发现自己与以往相比判若两人。

读报纸、期刊和杂志

订阅一份报纸并坚持每天阅读。保持信息通畅很重要，这样你才能和客户一起谈古论今。在演说使用类比时，可以适当引用一些时事，这是个很不错的方式。订阅一些行业内的权威杂志。大多数管理者会非常认真地阅读这些杂志，并根据杂志中的相关信息制定商业决策。剪下那些客户可能感兴趣的文章。如果你在演说中加上这样的话，“你知道，我刚刚读了《华尔街日报》上的一篇文章，它是这样说的……”或者“你了解的是什么？我刚刚读了一本《抵押贷款》，书中是这样说的……”或者“我正在阅读《今日心理学》一书中关于……”这会让你的演说很有意思，同时也表明你对当前热点问题确实很关注。

组建头脑风暴小组

组建一个头脑风暴小组，自己充当领导角色。将公司或行业的相关人员聚在一起，然后集思广益，尽可能多地提出一些能在演说中应用的创新性观点、论点和例证。当然，既要接纳那些有前景的想法，也要辨识那些没有用的东西。通过智囊团，你可以得到数以千计的点子。

寻找一个榜样

寻找一个榜样会帮助你更容易实现目标。所谓榜样，其实就是你所涉足领域内的先行者。有一个现成的路线图能帮你节省很多时间。

参加课程班、研习班、研讨会和会议

参加一些关于个人发展的培训课程。有一件事情我觉得特别好笑。一位朋友曾对我说：“天啊！泰瑞。我们倒是想让所有人都接受你的培训计划，但如

果培训完之后他们要是都离开了怎么办？”他们会离开吗？正如演说奇才金克拉所说，也许会。“但如果你不培训他们，他们就一定会留在这里吗？”请好好想一想吧。

就我个人来说，我希望你能利用一些机会去听一些演说家的讲话，即使这些演说与你的业务不直接相关。我非常喜欢“神奇生活与体验系列”，这是为加州橘郡周边商业人士举办的系列演说。大约每六周，他们就会邀请一位富有激情的演说者莅临，与大家分享一个神奇的故事。我并不指望听完演说后就一定能为自己的业务带来直接回报，但我相信有投入就有收获。那些积极上进、内容充实、激发思考的想法，我掌握的越多，我的生活就越丰富多彩、富有深度且充满刺激。

看电视电影，看喜剧表演

人们在聊天时，经常讨论的一个话题就是最近热播的电影。人们也会讨论电视里播出的内容。当然，如果你看过一些喜剧表演就更好了。这些都为你的演说提供了好素材。要想吸引人们的注意力，讲一个他们原来没听过的笑话是不错的选择。在演说过程中适当加上喜剧演员的一些俏皮话，会给你的演说添彩不少，也会让你的演说更加难忘。当然你也要确信所用素材适合听众口味。

如果有人对你说，“嘿，想听一个笑话吗？”我们会怎么说？“当然好了。”我们肯定不会说，“不，我不想听笑话。”因为我们都喜欢快乐，我们都愿意倾听擅长讲故事的人讲故事。

借鉴其他演说者

多听一些你同事、竞争对手及其他公司领导人的讲话和销售演说。如果讲得很好，这说明他们在提升演说技巧方面没少花费时间和精力。通过分析他们如何演说，你能学到许多东西。到哪里去找这样一次免费的演说课程培训呢。当面聆听演说者讲述自己的人生体验故事，总会给你一些启示。当聆听那些演说高手的演说时，我一方面把自己视为职业人，从演说者角度分析其演说技巧，另一方面把自己视为反驳者，从内容角度分析其采用的素材。同时站在一位女士的角度，去听他们讲的故事，分析其在心灵和精神上给人们带来的感动。

访问顾客与竞争对手

对顾客与竞争对手进行访谈，意味着你必须走出去，积极询问一些感兴趣但尚不熟悉的问题。关于这方面，请参看第 8 章“间谍原理”的内容。

加入专业协会或委员会

不要被这些协会的会员费吓到，无论如何要加入其中。聚到一起，共用晚餐是一个比较好的方式，这样便于你与行业内的相关人士保持联系。在团体中彼此之间经常保持网上沟通也是一个不错的方式，这有助于你发现新的工作机会。

寻找一位导师

通过专业协会见到的某些人也许非常有意思，你很愿意邀他们共进午餐或晚餐。这些专业协会给你带来一个很好的机会，你可以和本行业内公认的领袖进行深入交谈。从中学到的东西可比你花的一顿饭钱有价值多了。分享行家里手的经验会帮你节省很多时间和金钱。我先前提到了寻找一位导师的重要性和价值所在，但我真正想让你思考的是，你并不知道自己不懂什么。记住，实现伟大梦想的第一步，就是找一位在领域内有所成就的导师。有了导师的指点，通往成功之路会明朗许多，参照并追随导师的发展轨迹要比自己探索容易许多。

就我本人而言，我所面临的问题是：“要想让自己的书登上《纽约时报》畅销书排行榜，应该怎么做？”当然了，如果你大名鼎鼎肯定能有人帮忙。但问题是怎样才能出名呢？我需要和那些商业畅销书的作者们谈谈，要和那些利用电视电影宣传把书推上《纽约时报》畅销书排行榜的高手们谈谈。谁曾这么干过呢？我想到了哈弗里·麦凯和唐·马丁。哈弗里·麦凯生活在明尼阿波利斯，所以我飞到那里和他见面。我和唐·马丁也因为我的几个图书项目一起工作过 3 年。现在我有个所谓的“图书项目指导委员会”，由几个专业人士组成，主要是就我的图书在开发和推广阶段如何运作的问题给出建议和指导。

你必须主动联系那些导师，他们是不会主动联系你的。需要圈定导师的范围，然后按照他们的指导去做。需要先给对方服务，然后再建立关系。你不可能直接走到别人面前说：“你愿意做我导师吗？”但你可以走到别人面前这样说：“您曾做过的一些工作给我留下了深刻印象。如果您这里有需要我帮忙的，我愿意效劳，不管是研究或是其他项目……”

我知道，有些人为了能让某人担任其导师，曾为他家院子扫过落叶。要寻找导师，最重要的是要学会谦卑。从长远来看，你能获得巨大的智慧，其价值远远超乎你的想象。如果不寻找导师的代价是什么？为了实现目标，你将花费更多时间；为了寻找到达目标的合适路径，你将花费更多金钱。在通向目标的途中，你也会出现许多错误，也会因此变得非常沮丧。建议你读一下《成功，有师为伴》（*Mentoring：The Most Obvious Yet Overlooked Key to Achieving More in Life than You Ever Dreamed Possible*）一书。该书是我和我的导师佛洛依德 ·克曼共同完成的，它阐释了如何建立和发展有效的学习指导关系。

按照这 12 个关键点去做，哪怕只做了一半，你的演说水平就会大幅提升，你的个人知识也会极大拓展。这两方面的发展将帮助你成为一个更加成功的销售专家。了解了自我让你充满自信，了解了顾客让你充满信心。对演说后顾客的情感反应做出预测，会帮助你拉近彼此距离。

> 如果你利用自己的创新性想法，别人就会拾而用之。当你想到了一些创新性点子，必须全身心投入其中，不能只是蜻蜓点水。要大胆尝试，无所畏惧，不要害怕别人的批判或嘲笑。除了你自己，没有人能伤害你。
>
> ——古鲁 · 澳

考虑销售的情感因素

人们天生是情绪化的，很容易被一些积极情绪所激励。了解情感因素有助于说服听众，让他们变成能带来巨大收益的顾客。下面所列出的情感因素，在广告中经常使用，对所有销售演说也非常有效。

1．喜欢浪漫。

2．寻求质量。

3．热衷对比。

4．炫耀财富。

5．喜欢漂亮。

6．寻求刺激。

7．追求名望。

8．寻求安全。

9．青睐魅力。

10．希望舒适。

11．热爱高效。

12．寻求满意。

下面简单描述其中几个因素，好让你在见到它们时，能识别出来 ，并运用到今后的演说中去。

喜欢浪漫是一些香水广告常见的基本主题，在一些旅游广告中也能见到。广告商便利用人们喜欢浪漫的特点，销售那些能够打动消费者内心的东西。

在一些消费品广告中，寻求质量的主题也比较常见，尤其是汽车广告。美国汽车制造商在广告中就展现了他们对汽车豪华内饰的自豪，而且让顾客相信，他们的汽车与海外同行一样具有高质量，值得信赖。

超市经常会让顾客对比同一产品在不同商场的价格。提高家庭主妇食品支出的购买力，既是一个国家优先考虑的事情，也是一个极具吸引力的广告主题。

建筑商和房地产公司会利用人们拥有房产的炫耀心理，来扩大自己公司的业务。

还有许多常见的有关情感因素的例子，比如：

1．健康俱乐部利用人们热衷运动来吸引顾客。

2．游乐园销售的是人们对刺激的追求。

3．欧洲奢侈汽车制造商卖的是人们对名望的追求。

4．便携工具制造商凸显其产品的持久安全特性。

5．旅游公司和航空公司利用人们对景点魅力的青睐，促销度假和滑雪旅游。

6．一个男装广告显示了该产品的舒适性。

7．笔记本电脑、便携式电话及软件制造商强调了其产品的高效率优点。

8.餐馆通过精心设计菜单，吸引那些寻求高满意度的顾客。

如果你在演说中适当运用这些情感因素，即使很少，也能向听众或顾客呈现出一个有力、可信且有趣的演说，从而促使他们按你所说的采取行动。你也可以和顾客聊一些他们不熟悉的东西，他们记住了你所说的，也就会记住你。

本章小结

- 演说的错误 4 是支撑材料不充分。必须将有力证据、有趣且相关的支撑素材融入演说正文，从而使演说更贴近生活，妙趣横生、引人入胜。
- 作为一个演说者，强有力的论点支撑材料，在很大程度上会影响你本人和你所传递信息的可信度。
- 支撑演说常用方法包括逸事、类比、定义、举例、统计、证言、假设和反问。
- 支撑素材必须能增加你的可信度，强化你的独特性。复习一下能开发创新性销售想象力的 12 个关键点。
- 识别情感因素非常重要，这有助于你促使听众做出购买决策。在大多数电视广告中，很容易识别出这些情感因素。

下章提示：充分利用逸事、类比、例子及其他支撑材料，你的演说应该更加可信、更加有趣。在第 7 章，我们会看到演说者犯的另一个错误——不能达成交易。

第7章

错误5

不能达成交易

请求必有所获，不会失去丝毫。不管怎样，一定要敢于请求。

——W·克莱门特·斯通

尽管市面上有各种各样的关于鼓励潜在顾客购买产品进而达成交易的著作，但对销售人员而言，今天仍然会犯一个大错误，那就是在演说结束之后不能达成交易。

当做了一个信息量大说服力强的演说后，为什么最后一刻却达不成交易呢?也许我们把总结误认为结尾了。总结是对我们所谈论内容的一个总体概括。但结尾则应该做出具体的行动呼吁，明确告诉听众，我们希望他们应该根据演说所传递信息，接下来做些什么。

很少有人能达成交易

在培训研习班上，我们要求参加者交一个完整的销售演说录像。通过回放这些录像，我们发现了令人吃惊的现实，那就是许多人并没有最后达成交易，他们只在演说结尾做了总结，仅此而已。他们从没要求听众或潜在顾客做任何事，比如，没有劝说顾客购买产品或服务，没有邀请顾客与之合作，甚至没有安排下一次见面时间。而这些显然都是销售人员应该做的，但他们恰恰都没做。因此我们也就明白了，为什么每年会有数以百万美元的销售损失。

人们在演说结束时，经常会出现这样的问题，那就是信息性太强而说服性太弱。如果你不能给出一个强有力的演说，那么在引导听众做出行动时便会出现问题。如果你呈现给听众的是一个信息丰富的演说，在结束时试图与他们达成交易，但没有成功。那很可能是因为你在一开始就出现了偏差。依据你目前所掌握的，假定你的演说结构很好，说服性也不错，确实算一个精彩的演说。但即便如此也是不够的，在演说结尾时你必须要求听众采取下一步行动。

害怕拒绝

疑惑是一种背叛，它常常使我们因为害怕而不敢尝试，使我们失去了许多成功的机会。

——威廉·莎士比亚

我们也许会问自己："为什么人们不再向前迈一步呢？"其中一个主要原因是，他们害怕被拒绝。由于害怕遭到拒绝，所以达成交易就变得让人不舒服，于是他们就干脆略过这一环节。这感觉有点像你自己把自己给打败了。实际上你想要的只是听众购买产品的一个允诺。这可能与人的本性有关，人们不太愿意干那些自己觉得不舒服的事。

完成募捐

演说结束之后，就应该达成交易，这一说法虽然有点夸大，但却真实地发生在我的一名学生比尔身上。比尔曾在一家有 5 万多员工的航空公司做人力资源工作，负责公司的年度善款募捐活动。具体来说，就是征得员工授权，从他们薪水中直接扣除每周捐款额度。善款将分发给联合之路劝捐协会（United Way）及其他慈善机构所资助的穷人。公司每年都会精心制作一个视频，向员工展示为什么应该捐赠。在活动期间，全公司二十多个部门的主管，负责处理本部门的募捐事宜。

第一年，比尔完成了昂贵视频的全部制作工作，并让各位主管在视频播放后回答员工们的问题。随后，员工们会收到一张卡片，在上面填写是否愿意捐款。尽管比尔付出了很多努力，但结果却是承诺捐款的人数非常少，因此老板也就没有给他任何奖励。后来，公司市场部主任把比尔叫到一边，传授了一些经验："比尔，你应该在他们看完视频之后，马上给他们发登记卡，让他们现场填写。"

比尔恍然大悟。第二年他接到了同样的任务。这次他改变了做法，要求各位主管在员工们看视频的时候，就把登记卡发到他们手里。他还给了主管每人一张简单的数据表，便于他们能确定员工们在离开会议室之前，已经把登记卡填好。这一次结果果然不同凡响，有相当一部分员工签署了捐款登记卡，是公司历史上人数最多的一次。当然，比尔也因此获得了一笔不菲的奖励。

两次捐款的不同效果与演说没有什么关系。两次活动期间所播放的视频内容大同小异，主管们也都现身并回答了相关问题。唯一的区别在于，第二次是主管们在员工看视频时就采取下一步行动——让他们在登记卡上签字，而且当场就签。这就是达成交易。要求他们立即采取行动的方式，对那些尚不确定是否要捐款的人产生了很大影响。虽然不是每个人都签了登记卡，但许多原本犹豫不定者现在却决定要加入捐赠团队。这一年，公司员工的捐款额高达数万美元，超过以往任何一年。这样一个简单的举措，就让公司不必再另筹资源。

电梯故事

我曾在研习班上讲过这样一个故事，一个年轻人去见公司副总裁，进行第三轮面试。短暂交谈之后，副总裁问这个年轻人，在结果确定之前，是否还有其他问题。年轻人说，没有问题了，他对该工作的职责要求已经很了解，也非常感谢副总裁百忙之中对他面试。但他接着又问："你们什么时候给出聘用与否的最终结果呢？"副总裁回答，公司要好好研究一下，他在一两周内会收到回复。

年轻人对副总裁致谢后便离开了办公室。在走廊里，他开始琢磨这件事，突然意识到，他还没有问副总裁自己是否能获得这份工作呢。想到这儿，他非常懊悔，希望折回去做最后一次尝试。于是在步出走廊按电梯之前，他先赶紧拨打手机。

就在这时，他突然发现刚刚面试他的那个副总裁正站在他身后。他们有点尴尬地彼此打了个招呼，便一起进了电梯，按下了抵达大厅的按钮。

年轻人决定不能再错失这个机会。他看着副总裁说："你知道吗？先生，当我走出办公室那一刻就在想，我还没告诉你，我是多么想获得这份工作。"在接下来3分钟时间里，他强调是多么希望获得这一职位，讲了他对该公司做了多少调查研究，曾和多少位敬重副总裁的人沟通过。最后他说："我很想成为你们团队中一员，您在遴选名单时，真地希望能考虑一下我。我还想告诉您最重要的一点是，我非常希望获得这份工作。"

刚才还对这个年轻人有点看法的副总裁，现在完全改变了态度。他看了一眼这个年轻人，然后笑了。"你知道吗，年轻人，就因为你刚才的一番话，我才决定录取你。星期一早上8点钟来公司报到吧，我会让人力资源部办好你的入职手续。欢迎你加入公司。"他用力握了握年轻人的手，然后走出了电梯。

年轻人感觉有点象做梦似得。他茫然地走出了电梯，抬头看了一下天空。这时他才想起来说"谢谢你"。他感到自己很幸运，如果不是和副总裁同乘一部电梯，如果当时没有向副总裁请求这份工作，他就不会得到这个机会。但这仅仅是幸运吗？

知道你下一步该干什么

作为一名专业销售人员，在完成销售之前，你很可能需要向顾客做多次演说。为了实现成千上万美元的生意，多做几次演说也没什么。而作为一名求职者，你也许会发现在找到一份体面工作之前，经历几次面试是很正常的事情。许多人在成为正式员工之前，往往要经过几次面试才能获得认可。在每一次面试时，对于下一步要采取什么行动，你头脑中都应该有一个清晰的目标。

我们中的多数人在没有寻求交易的情况下，就走出了会议室或结束了工作面试。换句话说，我们没有获得对方采取后续行动的承诺，也就是说我们既没有寻求业务合作，也没有约定下次见面的时间。在当今市场环境中，你很少能听到“不”字，对方的回答往往是，“我再考虑一下吧”。当你听到这句话时，就要小心了。你也许会无法达成交易。下一次演说时，请想一想电梯里的那个年轻人，他能得到第二次机会是多么幸运。所以，当你做完演说之后，一定要抓住机会，尽力实现一个良好结局，或者得到签约承诺，或者约定好下次见面的时间。不是要总结演说，而是要求潜在顾客采取下一步行动。请记住一句话，不主动要求，就什么也得不到。

我再考虑一下

在研习班上，有个人问我：“泰瑞，当有人说‘我再考虑一下’时，你会怎么做呢？”确实如此，无论你的演说多么动听，多么有说服力，你仍然会面临人们只说“我再考虑一下”的情境。我告诉大家我是怎么做的，当然这些方法并不是每次都有效。但是你可以借鉴这些方法，一旦遇到相同情况，可以拿来用。

我在结束演说时，一般会要求听众做一个承诺或者采取下一步行动。他们会说：“你知道的，泰瑞，我想再考虑一下。”我说：“好的，我知道这是一个重大决策，你可能需要梳理一下我给你的材料。我知道你很忙，我们一起干。这样吧，咱们定个时间，共同解决一下这些问题如何？我相信，一旦你有时间梳理我给你的材料，研究我为你准备的协议，你肯定会有些问题要问我。定好见面时间，我当场答复你。”

我为什么要这样呢？主要原因是，我们不想成为一个骚扰者（或许你可能也被骚扰过！）。我的意思是，首次沟通之后我们会继续跟进客户两三天或五六天时间，但如果打了 5~10 个电话，对方都不理睬，我们再也不想打电话联系他们了。这种情况非常普遍。因为我们开始觉得自己像个骚扰者！于是我们便放弃了这些潜在顾客，并觉得销售无法再进行下去了。

你可能会感到很惊讶，有多少次销售人员把所有事情都做了，但生意总是出点问题或者完成不了。原因很简单，我们不想再扮演骚扰者角色了，因为这实在让人感觉不爽。为了避免这一问题，我总是尽力和客户敲定下次会面的时间和地点。如果他们对此还犹豫不决，我就把会面地点安排在一个他们喜欢的地方，比如一个不错的餐厅（让他们选）或者高尔夫球场。虽然我本人并不喜欢高尔夫，但我会想方设法学习高尔夫课程，因为当玩家打到后九洞时，生意通常就做成了。这也是我与他们会面并将交易向前推进的一种方式。

大多数情况下他们是愿意安排下次会面的，因此我也就不需要再扮演骚扰者角色了。但如果他们不愿意安排下次会面，这一般说明他们确实拒绝交易。如果知道他们拒绝的原因，我就会想法解决这些问题。但是，“我再考虑一下”这句话，蕴含的意思很模糊，也给我们制造了一个大难题。

如何结束办公室演说

在所有涉及重要后果的商业世界中，人们往往不愿意轻易做出决定。有时候在办公室会议中也会发生这种情况。大家聚在一起讨论某些正在发生的事情，但多数情况下，会议是以传达了大量信息而结束，其他什么也没做。更可悲的是会议有了结果，但经常没有任何行动。这就是完成一件事情需要大量时间的症结所在。当结束了办公室会议演说后，建议演说者这样询问一下：我们下一步应该怎么干？这次会议后，我们希望发生什么变化？

无论你参加面试寻求工作，还是进行办公室演说寻求某个行动，或者与潜在顾客沟通希望达成交易，在演说结束时，你都需要询问下一步行动是什么，这是演说的要害所在。当你这样做了，就给了潜在顾客更多有限的选择。他们可能说“不”，也可能说“是”，或者可能说“我再考虑一下”。如果你听到的是后者，那么应该约定下次会面时间。

如果是零售领域，当顾客说自己还不确定是否要购买时，你可以承诺把商品保留 24 小时，并和顾客交换电话号码。你先让顾客和家人商量一下，第二天再给该顾客打电话。

吉他销售员

我有个朋友同意我和大家分享下面的故事，但是要以匿名方式。所以我们暂时称他为查理吧。查理是一个不太如意的吉他手。他年轻时学习了一段时间的吉他课程，但由于父母离异，他离开了居住的小镇，到了一个没有吉他教师的乡村。他没有学完吉他课程，但他坚信总有一天他能回去，总是幻想将来能成为一名成功的吉他手。多年后的一天，他有点空闲时间，就去了加州圣塔莫妮卡市参观，该市有一个巨大的吉他商店。

查理在店里随便闲逛，看看都在卖些什么乐器，并和一位博学多识的年轻销售员攀谈起来。在交谈中，查理流露出非常想要一把好吉他的意思。他对一把蓝色吉他的价格很中意，但店里暂时缺货，于是查理便离开了。他刚要出门的时候，销售员向他要了电话号码，说一旦到货便会通知他。回到家后，查理就把买吉他的事就全忘了。但几周后，他接到了销售员的电话，销售员说，商店刚进了一款合适型号的吉他，价格也在查理考虑的范围内。查理这才想起来买吉他的事，他有礼貌地接听了销售员的电话，并许诺未来几天会去商店购买。当然，他从来没有腾出时间来，随之就又把这事抛到脑后了。

但销售员却没有放弃查理，因为他知道查理是真想要一把吉他。大约一周后，他又给查理打了一个电话，告诉这个吉他听起来非常棒，音调低沉浑厚，在查理考虑的价格范围内，这是该商店一段时间以来进货最好的一款吉他。他说，现在商店只剩下一把了，如果查理明天之前能来购买，可以保留一天。当查理来到店里，销售员已经将吉他准备好，只等他办理 3 个月的免息分期付款手续了。

就这样，销售员在查理身上成功做完一笔交易。查理知道自己想要这把吉他，也清楚自己买得起。唯一障碍在于查理的妻子，她可能不赞同非必要的大额支出。查理的解决办法是带着妻子一起去吉他商店，因为该商店附近有一家非常棒的意大利餐厅。不管怎么说，反正现在查理非常自豪能有这样一把漂亮的蓝色吉他。最近，他正盘算好好学习一下如何弹奏这把吉他。

生意现场没做成，并不意味着生意做不成。你不能花一整天去等着顾客回电话，而是要把工夫花在如何提升自己的演说能力上，如何使顾客跨过“我再考虑一下”进入下一步的行动上。要努力去达成交易。

本章小结

- 错误5是不能达成交易。请记住，大多数人在演说结束时会给出一个总结，但他们却没有完成交易，这两者之间存在巨大差异！
- 总结是对所谈论内容的一个总体概括。而演说结尾则意味着要呼吁具体的行动，也就是你想让听众去做什么。
- 害怕拒绝是人们在演说最后回避行动呼吁的常见借口。请记住，如果你不要求听众采取行动，你就一无所获；如果你不要求听众采取行动，你的竞争对手很可能要求他们。
- 当潜在顾客说“我再考虑一下”时，要尽量和他敲定下次会面时间。

下章提示：在演说结尾时呼吁行动，非常有助于成功，这比任何其他方面的改进都管用。然而，在演说过程中如何才能让观众集中精力，这是困扰很多人的一个问题。在下一章，我们将讨论另一种错误——太过无聊。

第8章

错误6

太过无聊

如果说世界上第二罪过是无聊，那第一罪过就是成为一个无聊者。

——塞西尔·比顿

对那些失眠者而言，参加一次同事的商业演说不失为一剂良方。没有哪一场演说愿意让听众烦得要死，但其中大多数却收到了这样的效果。

现如今的演说大多是这种模式：演说者以一种平缓的，毫无感情色彩的声音讲述着一个个老生常谈的故事。很显然，这种演说根本达不到吸引客户注意力或保持客户兴趣的目的。可以说，一场无聊的、没有意义的演说就是在浪费演说者本人及客户的时间，而且会对演说者及所在公司的形象造成不良影响。换言之，如果你的演说没能引起目标客户的注意，想再通过别的方式和他们建立业务往来就会变得十分困难。也就是说，如果你不能通过演说赢得与他们对话的机会，那么其他一切都是空谈。

观众在听演说过程中走神犯困，很大程度上是因为演说内容太无聊了。为了让听众能聚精会神，我们不得不强迫人们去听。相信每个大学生对这样的教授都不陌生，他们每次走进教室，都会从那本破破烂烂的笔记中找出一段平淡无奇的话，用“催眠师”特有的声音开始讲课，每一学期都是如此。此等教授讲课的结果就是学生都昏昏欲睡。如果想要别人认真倾听，我们必须先让自己变得风趣，也就是说，要使演说内容不令人讨厌。

大多数演说者根本不知道自己的表现如何，就像许多教授可能根本没有意识到其所讲内容竟然那么无聊。所以当他们在培训中通过录像看过自己的表现后，再被问及对自己的评价时，他们会羞愧地说："嗯，可能我的演说确实有点长了，"或者说，"或许真得有点无聊。"

我一般会接着问他们："那你为什么还要继续这么做呢？"

然后他们回答："因为这是我的工作，我必须完成。"

这就告诉我们，准备演说材料时一定要学会换位思考。试想你是客户，会不会对这些内容感兴趣。如果你内心有一种声音在说"我觉得很无聊"，那么事实可能就是如此。倘若你想要客户对你所讲的内容感兴趣，那你必须用心去酝酿一篇值得别人认真聆听的演说稿。

> 有人正在烦我，我想也许是我自己。
>
> ——迪伦·托马斯

我想请问诸位一个问题，你们中有多少人有过这样的经历：与别人交谈时可以明显地感觉到对方对你们谈话的内容根本不感兴趣？我每每在研讨会上提出这个问题，都会引起一片尴尬的笑声。事实上，置身这样的情景中也是我们工作的一部分。难道不是吗？作为专业销售人员，我们的工作之一就是满足那些最初没有合作意向的客户需求，就是要促使那些最初对我们不感兴趣的客户愿意和我们交谈，并让他们感觉到与我们分享他们宝贵的时间是非常值得的。

客户分析：间谍原理

精心准备是呈现一场精彩演说的前提，但并不是要求你去深入了解产品本身。现在我们假设你已经读过这本书，并且已经做了万全准备。接下来你要做的就是，选定目标客户，并决定采用何种方式去说服他们接受你的服务。再者就是要明确竞争对手，同时还必须搞清楚你的目标顾客是否使用过竞争对手的产品。如果有过，你还要找出促使他们做出该选择的原因。一般来说，通过询问相关人士，这些信息你都能得到。但如果想要得到最准确的信息，你应该像间谍一样潜入对手内部。这就是所谓的"间谍原理"。

毫无疑问，你工作的首要目标是了解客户。谁是你要找的客户，他们的偏好是什么，你要怎样做才能有与之交流的机会？你所拥有的信息可以通过哪些方式呈现出来，从而使演说变得有吸引力？

下面这个故事我在研习班上经常提到，它证明了解顾客的重要性。

巴斯鱼垂钓的杠杆作用

我的研习班项目有一位男士潜在顾客，他个性非常粗鲁甚至可以说有点暴躁。但是为了跟进从他几个销售经理那儿拿到的提案，我不得不与他接洽。为了能见他一面，我做了所有力所能及的事——给他寄去宣传册，打了若干电话。但是我一直都没能见到他，我的拜访都被那位名叫诺玛的称职秘书给挡了回来。我没有办法越过诺玛见到她的老板。一般来说，到了这种时候大多数人会选择放弃（事实上，一般销售人员尝试 3 次还不成功就会选择放弃。但完成重大交易往往需要多次努力，时间长短取决于销售类型及平均销售周期）。

我先前给这个客户打过很多电话，都没联系上他。但就像本杰明·富兰克林曾经说的，“勤奋是幸运之母”。一个周五下午，我第 11 次拨打他的电话，心想，这么多次努力即便是再难缠的客户也该动心了吧，很可能这次好运就会降临了。令我意想不到的是，他真的接了！

“瑞克，你好！我是泰瑞·舍丁。”（我完全没有料想到他竟然接了电话，花了几秒钟时间才回过神来。）“这几个星期以来，我一直试图联系你。我以为这次我还会听到诺玛的声音，没想到竟然是你。”

他说：“诺玛正在吃午饭。”

我接着说：“原来如此，她的工作表现很棒。但我还是希望能和你亲自谈谈。我给你发过一些材料，我想……”

在这次电话交谈中，我使用了全套小型销售技巧。这是职业销售人员非常重要的工作部分——电话演说。在电话里我简单介绍了一下自己，简要说明了我想要与他会面的原因，最后他勉强同意了下周一和我见一面。

挂了电话，我就在想，对这个人我真正了解多少？确实不多。所以两个小时后，我再次拨通了电话，这次接电话的是他的秘书，我说：“诺玛，我是泰瑞，我已经和瑞克约好了下周一见面。你知道，我总是想让自己的演说能满足客户需要。所以我希望你可以告诉我一些有关瑞克的信息。"

接着她说："好的，那你想知道些什么？" 我回答："就是有关他的兴趣爱好之类的东西。"

她说："我只知道他酷爱巴斯鱼垂钓。我不知道能否帮到你，但我只知道这些。现在我得去工作了，电话一直在响。"说完这句话她就挂掉了电话。

我对巴斯鱼垂钓的了解十分有限。我便在脑海中搜索谁懂巴斯鱼垂钓，猛然间我想到了我爸爸，于是赶紧给他打了个电话："爸爸，你可以告诉我一些有关巴斯鱼垂钓的事吗？"

他说："巴斯鱼垂钓？你怎么关心起巴斯鱼垂钓来了？"

我说："是这样的，我想争取一个客户，想和他建立起融洽关系。"

他说："泰瑞，我只知道周日有一档电视节目叫巴斯大师。你可以看看，或许对你能有帮助。"

当爸爸告诉我有一档巴斯大师的电视节目时，我高兴坏了，都不敢相信这个事实。我查了一下电视节目单，周日确实有连续两期的巴斯大师节目。除此之外，还有一个吉米·休斯敦主持的电视钓鱼系列节目（吉米·休斯敦就是钓鱼界的里吉斯或奥普拉），他邀请钓鱼达人来他的节目中做嘉宾，讨论各种钓鱼技术和钓鱼装置。

之前，我对巴斯鱼垂钓这一钓鱼界的盛事一点也不了解。我不知道你是不是一个资深渔民，或者该行中所谓的垂钓者。我还真不知道竟然有这么多的巴斯锦标赛，而且参加这些比赛还必须具备相关证件。说到这里你可能会问，知道这些和销售演说有什么关系，那我告诉你，关系太紧密了。

周一早上，我来到瑞克的办公室。在门口犹豫了半天后，我还是鼓起勇气走了进去。但他看上去好像从没答应过这个约会一样。

我听他说："泰瑞女士，你知道，今天早上我还有很多别的安排，所以我们要长话短说，这件事我们只能谈 5 分钟。"（你曾经遇到过这种情况吗？）

我做了一个深呼吸，走近他然后说："那改在星期天怎么样？"

他说："很好，很好，很不错的建议。但星期天我家里有一大堆事，真不是很方便。"

"你知道，我也遇到过类似情况，" 我说，"我也是整天忙于出差事务，甚至都没有时间去整理衣服。有时候，一大堆衣服刚从烘干机里拿出来，就随意扔在了卧室的地板上。只有看电视时，才能想起来去叠一下衣服。”

说完这句话，我觉得是亮出秘密武器的时候了。“我知道你喜欢巴斯鱼垂钓，我最近正在看一档电视节目巴斯大师，相信你肯定听说过吧。”

听了我的话，他愣住了。面部表情都发生了变化。他用疑问的口气说：“你看过巴斯大师？”

“是的。”我回答。

“上个星期天？”他重复道。

“没错。这节目真的很棒。”我说。

“是的，的确不错，星期天有两期呢！”他说，显得有点激动。

“我知道，”我说，“两期我都看了。”

我竟然看过这些节目，他觉得简直太不可思议了。接着他开始向我讲述他的梦想，他梦想有一天能和吉米·休斯敦一起去钓鱼，成为一名专业垂钓者。

他突然合上了行程安排书问：“你体验过巴斯垂钓吗？”

我回答：“没有，我没尝试过。”

“那好，我正要和家人一块去，一起来怎么样？”

“您不是在开玩笑吧，我当然很乐意。”

聊了几分钟后，我说：“我知道您很忙，但关于如何更好为贵公司服务，我确实有一些想法想和您分享。”

他说：“没问题，等我一分钟。”然后他起身关上了门。就这样我又重新得到了原先约定的 30 分钟。最后我不仅拿下了这笔交易，还拿到了额外的 6 个项目。

这个故事向我们充分说明了一点，那就是将客户的个性、专业、欲望、需要和期望融入演说是多么重要。如果你知道这一点，就应该提醒自己，在实践中经常运用。

要有创新思维，要在演说中投入更多激情，这会让客户对你的演说更感兴趣。创新性的想法和准备资料，不管将其放到演说的开头、中间或结尾都没有关系，因为这么做的目的只是为了避免演说的无趣。保持头脑清醒，录下练习时的表现，然后回放，看看从哪里开始变得杂乱无章，再有针对性地进行修改。

同时要确保演说中所用材料适合听众口味，无论是面对一人还是大庭广众之下，都应如此。

如果你不想做间谍，那就尽力获取信息

作为销售人员，一定会有人旁敲侧击地向你打听一些看似与业务无关的事情。如果有人向你打听，你该怎么做呢？最好的回答就是告诉他："琼斯先生，太好了，找我就对了！我对待工作一向很认真，我可以保证，如果你把这单业务交给我，我一定会尽全力完成好。我希望能成为您一直在寻找的合作对象。"你觉得这样回应以后，客户还会犹豫是否要与你合作吗？绝对不会，客户要找的就是那些为了得到他们业务而不辞劳苦的人。这样的回应几乎每次都能帮你达成交易。

无论你面对的是个体客户还是群体客户，要想了解他们必须勇敢发问。这并不会占用你太多时间。一般在会面开始之前，我都会先打电话，如"简女士，我是泰瑞，我打电话是想确认一下今天 3 点钟的会面。同时我想做一些调查，以确保我的方案能更好满足您的需要。我可以问你一些小问题吗？大概需要占用你 10 分钟时间。如果你能提供一些具体信息，我就可以为你量身定制一种方案，这样会更好地满足你个性化需要"。

客户们通常会同意我的请求，甚至非常高兴能与我合作，因为我会根据他们的具体情况，定制出个性化的销售方案。这种方式也进一步加深了他们对我的印象。相反，如果不提前了解情况，谈判正式开始后的前 10 分钟，还在谈论客户早已知道的东西，这完全是在浪费客户时间，你也会付出昂贵的代价。

为了给客户定制演说方案，你必须询问一些问题，认真倾听他们所讲的东西，甚至要从利益无关者那里获取一些客户信息。总而言之，你必须做一个积极的倾听者。

尼都·奎贝恩在其所著《怎么做一个成功沟通者》一书中指出，人们之所以不关注倾听技能的开发，是因为大家都把这种能力看成理所当然应该具有的。所以想成为一个真正的倾听者，我们首先要理解倾听是什么，重新审视我们对

它的轻视，但更重要的是要将其应用到销售活动中。

有些人天生就是很好的倾听者。他们往往能记住我们说过的每一件事，而且提出的问题都很有深度，通常会让人觉得他们善解人意，关心他人，从而给人留下了美好的印象。但现实是，无论是我们自己还是客户，大部分情况下都达不到这样的标准。

做一份竞争力分析

了解竞争对手与了解客户同等重要。你只有知道了竞争对手是谁，才能有针对性地去了解潜在客户是否在使用竞争对手的产品或服务。

关键要搞清楚促使客户选择竞争对手的真正原因是什么？这个答案将会告诉你应该如何调整演说方案来满足客户需要。这也就是为什么现实中每个人都想知道竞争对手在做什么的原因。以足球队为例，他们会观看彼此的比赛录像来研究对手，从而在比赛中采取更有针对性的战术。

识别竞争对手

在一个行业中熟悉一段时间后，你不可避免地要接触竞争对手。如果你去拜访一个刚从别的售货员那里购买产品的客户，问他："真的吗？你是从谁那里买到的？"你会发现那个名字你已经听过很多遍。

你要怎样评估

对竞争情况有个大体了解，有了公司的产品和服务清单之后，你就可以开始做竞争力分析了。这意味着你要开始审慎评估市场，任务就是要找出竞争对手独有的东西及他们的产品销售如此强势的原因。

如果可能的话，搞清楚你们的产品较之竞争对手的优势在哪里，在哪个环节最容易被击败。列出你们公司的优势和劣势，制定相应的策略来强化优势，弱化劣势，同时找一个能最大限度弱化竞争对手优势的方法。你首先想到的可能是采取一些已被实践证明的行之有效的方法。不可否认，模仿竞争对手的优势对提高产品市场占有率十分有效。但如何更有效使用这种策略就显得很重要了。

服务：一份竞争力清单

无论竞争力分析结果如何，总有一个方面你可以掌控，那就是服务。客户会衡量你这个人怎么样、你是否友好、你的后续工作如何等一些列因素。你应该像控制情绪一样自如地掌控这些方面。这些因素（尤其是你的激情）是客户选择合作伙伴时的重要考量。所以不要吝啬向客户展现你的激情。既然选择了这个行业，就要通过激情来感染客户，促使客户与你建立长期合作关系。

演说要让人觉得身心愉悦

斟酌用词是避免演说无聊的另一种有效方式。我们在培训时有一项常规练习，让学员做两场演说，一场有关自己冒险的，一场有关商业的，并将他们的表现录制下来。结果发现，每个学员在讲述有关自己的冒险故事时总是妙趣横生，但当他们在做商业演说时就会变得枯燥无聊。事实上这与演讲主题并无关系，而是因为学员在讲述冒险经历时总是充满激情。他们的语调抑扬顿挫，面部表情丰富，甚至还会用丰富的肢体语言来强化他们的演说内容，看着确实有趣。

当学员们看了他们的商业演说视频后，普遍会为他们糟糕的表现致歉。当然，并不是说你觉得无聊，观众就一定会有相同感受。这个事例要告诉我们的是，你应该把在讲述冒险经历时的激情同样展现在商业演说里与听众分享。下面我列举了 10 个小建议可能会对你有所帮助。

1. 让语调抑扬顿挫

要让演说有趣，你能做的第一件事是控制你的语调。这点在销售时尤其注意，你说活语调要和客户保持一致。如果客户轻声和你说话，那么你要尽量配合他的音调与音量。你可能有过这样不愉快的经历：当你轻声地向售货员询问时，他用超大音量回复你。相反，如果顾客声音很大，那你应该更加自信地大声答复他，而不是强装镇定。

与客户交谈时，如果你能很好地控制你的音量和语调，那你的谈话听起来会更加生动。如果你说话的语调让你更容易被接受，你就成功了一半。缺乏经验的发言人经常会犯一个错误：说话声音太小不能保证现场每个人都听清。无论你是对一个人说还是对一群人说，音调及发音的多样性都是彰显个性的一种方式，而且总能得到积极的反馈。

下面是一些练习，可以帮助你提高发音和表达能力。

（1）利用在车上或洗澡的时间练习唱歌（无论有没有广播）；

（2）说话时刻意用重音；

（3）练习用带有不同感情（比如喜爱或愤怒）的语调谈话。

首先你要对自己的声音有一个清楚的认知，然后再借助录音机来加强练习。我相信大部分人第一次在录音机或声音邮件中听到自己的声音时都会十分吃惊。于是我们会一遍遍地重录，甚至将更多时间花在了语音邮件的传输上，而不是花在练习销售演说上。随身携带一部录音机，然后就像一对一电话销售那样，进行练习。如果听了录音自己都觉得内容很无聊，那你是真的需要增加点趣味了。我敢肯定你能找出这些不足然后加以改正（这些不足会激励你为演说做更充分的准备）。多萝西·里德所著的一部名为《强力发言》的书中，详细讲述了这一主题。在书中，她列举了演说家如何让音调更具吸引力的许多方法。包括：

（1）音量：无论你说什么，你的音量要有所变化。

（2）音高和语调：不同于音量，音高和语调体现了你讲话的整体语气。

（3）语速和节奏：也就是你发音吐字的快慢程度。

（4）重音：就是强调某些词汇和音节。根据里德的观点，“关键点在于，要让人们能领会你的主要意思。引导他们重视关键内容，弱化非重点内容。发言人普遍会犯的一个错误就是强调的事情过多。你需要选出那些你想要强调的重点”。

（5）态度：不同的声音蕴含着不同的态度，相同的词汇或短语也就可以呈现出完全不同的含义。

（6）停顿：经验丰富的发言人在讲话时会经常停顿一下，可以起到强调重点、营造气氛、加深印象的效果。停顿可长可短，甚至就是做一个深呼吸。停顿也意味着一种过渡。

2. 使用恰当措辞和综合词汇是基础

让听众聚精会神的另一个技巧是运用恰当措辞。这取决于你掌握词汇的丰富程度以及发音的清晰程度。说话时措辞恰当是受过良好教育的标志。

改善发音的一个方法是尽量把语速放慢。大多数人说话速度太快了。练习绕口令可以帮助你减慢语速。因为绕口令要求清晰发音，这会迫使我们放慢语速。

在演说时你所扮演的是一个专家角色，即便是一对一也是如此，请一定要记住这点。如果在演说中你的发音出现了错误或使用了不当词语，会让人觉得你水平有限，这样就不容易得到听众认可。然而，任何事情都有正反两方面。一个演说，一群人听起来杂乱无章，但另一群人可能觉得很有启发。所以不要轻易放弃，做不好只是因为自己没有接受过正规培训。总会有欣赏你的观众。

3. 购买和使用字典

积累词汇练习表达的最好帮手是字典。最好买两本，一本随身携带，一本放在办公室。当然买 3 本放在车上一本就更好了。千万不要买那种便宜的简装本，它们只对拼写有帮助。多花点钱买那种精装的有多种解释的大字典。无论何时，只要对所用的某个词的正确性心存怀疑，就去查一查（如果你根本找不到这个词，那你的拼写肯定出错了，发音也出了问题。）。威尔弗雷德·范克和诺曼·李维斯写过一本名为《三十天扩充词汇量》的畅销书，帮助很多人积累了词汇量并练就了流利的语言表达能力（在我刚开始做演说沟通培训师时，根本离不开它，真的很感谢它给了我那么多帮助。）。

4. 让演说妙趣横生，让听众享受愉悦

你是否有过为调整自己情绪而去看喜剧的体验？你也可以为听众做一次。

> 微笑是两人之间最短的距离。
>
> ——维克多·博奇

演说中要注意观察听众的反应，尽可能维持他们的兴趣和热情。他们选择听你演说，你就应该让他们有所收获。作报告时正侃侃而谈，但别人却昏昏欲睡，你有过这样的经历吗？当然这并不一定是你的原因，可能是他们前一天晚上因为工作或某些个人原因熬夜了。但你应该试图去唤醒他们，这才是最重要的。一旦听众进入无意识状态，而你却能重新唤起他们的注意力，一定会让他们印象深刻。

5. 富有情感进行演说总结

用既能阐明观点又能让人心潮澎湃的方式总结演说。想一下演说中用到的小故事、奇闻逸事、幽默段子，想一下你是如何把这些东西整合到一起的，想一下你应该怎样呼吁听众采取行动。

准备一场演说就像准备一场滑雪比赛，比赛一旦开始就没有回头路可走了。高速滑行，道路蜿蜒，所有人的眼睛都盯着你，竞争对手摔倒了滚下坡，想象一下这种场景吧。一个满怀激情的演说总结，会让听众觉得和你一起度过了一段美好的时光。

6. 演说之前进行热身

在投入到这项极具竞争性的活动之前，你可能需要做一件所有运动员都会做的事——提前热身。在放松状态下开始演说是十分重要的。演说开始前，我总会闭上眼睛，做几次深呼吸，活动一下筋骨，想象着我的演说会有多么成功。我幻想着客户签完合同时，他们脸上洋溢着满意的笑容，幻想着演说结束后他们报以热烈的掌声。

如果有大型演说，当天早上我会尽量吃一些清淡营养的早餐，练习一段绕口令。如果演说前，你能先放松、热身，那么演说一定会顺利很多。

7. 充分进行练习，在家里要正装彩排

排练是一场成功演说的必要准备。不排练就像直接对客户说："我不在乎是否会浪费你的时间。"为了准备充分，你必须在家里进行彩排。这意味着你要穿上正装，练习准备说的每一个字。

幸运总是会眷顾那些有准备的人。

——路易斯·巴斯德

练习时进行录音，然后听一遍回放，再说一遍，再听回放，如此反复，直到听起来很流利很有说服力为止。你可以讲给办公室里的人听听，让他们提提意见。闭上眼睛想象着你在演说，想象着听众的反应。练习你要说的每一个字和每一句话，直到非常熟练非常流畅为止。

8. 善于总结和检测效果，提升演说水准

为了进一步提升演说水平，必须对以往每次演说进行总结，分析其成功之处与不足之处。要勇于批判自己，评价自己做过的所有事情。邀请他人对自己的演说给予评价，告诉他们你需要的是批评意见，是挑毛病找问题。从他们的意见中，找出演说有待提升的方面。在第 11 章，我们将详细介绍如何使用演说评价表。

9. 虚心接受批评

别人提出过分批评，不要太在意，把它抛之脑后即可。不要让别人的反馈伤害到你。要理性看待别人的赞扬。长此以往，这些反馈将使你的演说摆脱无聊，更加完美。记住，最好找一个能够对你给予指导的榜样。这个人要在演说方面非常擅长，而且愿意花时间帮助你。当然，你也可以帮他做一些事情作为回报。

10. 运用视觉辅助强化演说效果

视觉辅助在演说中扮演着重要的角色，它有助于听众更好地理解你提出的内容要点，为演说正文提供支持，使你的演说更具趣味性和吸引力。但对专业销售人员来说，切勿让视觉辅助成为演说的全部亮点所在。作为一名演说者，你必须牢记自己才应该是最大的亮点。视觉辅助只起辅助作用，它们的存在是为了让你的演说更有说服力，而不是全盘代替你的演说。

必须承认视觉辅助确实能给予我们很大帮助。大卫在他的《演讲辅助》一书中，提出了以下几点：

（1）观众中有 43%的人会因为你使用了视觉辅助而更容易被说服。

（2）同样材料，利用视觉辅助可以节省 25%～40%的时间。

（3）听众的学习效果会提升 200%。

（4）听众的记忆效果会提升 38%。

（5）听众会把演说者看成一个特别专业、有趣、可信且准备充分的人。

何时何地运用视觉辅助

在开始演说之前，问自己如下两个问题很有必要：

（1）浏览过演说大纲之后，问自己："为了明确观点和概念，什么地方需要使用视觉辅助？"演说结束后，你希望听众能记住的主要观点，这需要视觉辅助予以强化。

（2）视觉辅助是真的能为演说增值添彩，还是仅仅起到了文本视觉化作用？如果只是突出几个字或增加几个符号，这不能算作视觉辅助。与其说是在帮助听众理解演说内容，不如说是在满足演说者自身需要。

本章小结

- 错误 6 是演说太过无聊。整理并传递生动信息是演说者的责任。
- 当你为了满足潜在客户的个性化需要、欲望和期望，为他们量身定制演说方案时，你才能真正吸引他们的注意力并留下深刻印象。这些都需要提前做准备，用各种材料把你的演说变得更具吸引力。
- 学习竞争对手的优势并将其运用到下次演说中，这既有助于你自身职位的提升，也有助于为潜在客户设计出更好的卖点。做一份竞争力分析，识别出竞争对手，确定评价竞争对手的方法，制定一份赶超对手的清单。
- 要想塑造一种鼓舞人心、让人身心愉悦的演说风格，避免演说无趣无聊令人生厌，请回顾以下 10 个要点：

  1．让语调抑扬顿挫；

  2．使用恰当措辞和综合词汇是基础；

  3．购买和使用字典；

4．让演说妙趣横生，让听众享受愉悦；

5．富有情感进行演说总结；

6．演说之前进行热身；

7．充分进行练习，在家里要正装彩排；

8．善于总结和检测效果，提升演说水准；

9．虚心接受批评；

10．运用视觉辅助强化演说效果。

下章提示：在第 9 章，我们将关注由于经常使用电脑而带来的另一种常见问题，即过度依赖视觉辅助。

第9章

错误7

过度依赖视觉辅助

众人交口称赞的名画必有其独到之处。

——桃乐茜·利兹

如果传单、手册、视觉辅助包括电脑演示本身能销售产品和服务的话，那么兜售和推广你的理念就容易多了。但这只不过是一个美好的幻想。事实上，即便有了它们的帮助，你仍然要做很多。你要创新内容，要让信息产生魔力。

视觉辅助可以帮助听众理解你提出的要点，对演说正文能起到支持作用。对专业的销售人员来说，最大的问题是把视觉辅助当成了演说的核心。作为一名演说者，必须牢记你本人才应该是核心，视觉辅助只起到支持作用。它们的存在只是为了强化演说内容，而不能替代全部演说。

把视觉辅助作为支撑

无论采用高科技还是低科技，许多人常常把视觉辅助当作主线贯穿整个演说过程，而没有意识到它们只是向听众强化所讲内容的一个工具。这或许是我们所用的辅助工具功能太过强大的缘故。电脑公司在过去几年中所开发的高科技硬件和软件，其功能在大多数情况下已经远远超过了购买者所需要的范围。尽管我们能使用这些工具，但方式可能并不太合适。我们过于相信电脑生成的多媒体演说方式，而似乎忘了自己才是沟通主角。我们应该时刻记住，我们所用的工具只是我们的辅助而已。如果视觉辅助抢了你的风头，你就失去了对整个演说的掌控。你的演说听起来就像闷在罐子里一样，让人感觉枯燥无聊（见图 9-1）。

图 9-1　我需要一些精通酷刑门道的人——你知道 PPT 吗？

漫画来源：《新纽约人》杂志。

视觉辅助的真正含义是什么？我相信很多人对此并不清楚，可能认为它就是一种媒介。事实上，视觉辅助就是一种你可以直观看到的东西，而不是你展示的方式。例如，假设你是旅游代理商，你可以做一份能够展示出令人惊叹的巴哈马度假项目的大纲，大体包括以下内容：

1．美丽的大海；

2．沙滩；

3．棕榈树。

这就是视觉辅助的一种形式，但它只是一个文本而不是图片。想要做一个更好的视觉辅助，你可以展示一幅包括海滩及其他度假地设施在内的实物图。这种图片才是真正意义上的视觉辅助，借助它与听众沟通，其效果肯定要比只用大纲好得多。

其他可能会对观众产生影响的视觉辅助还包括图片、卡通、图表以及工作成果或模型等。

我们应该用哪些媒体或工具来展示视觉辅助？想回答这个问题，你首先要决定是采用高科技手段还是低科技手段。

高科技视觉辅助

与低科技视觉辅助相比，高科技视觉辅助的操作更复杂，价格也更昂贵。大致包括以下几种：

- 电脑展示（直接在你的个人电脑上演示，或通过投影仪在大屏幕上演示。其他新媒体包括超薄高清电视）。
- 录像和电影。
- 在线展示（播放一些从互联网或公司内网上下载的音频或视频。身在异地的人或人数较多的团队可以通过浏览网页观看这些展示）。

事实上不仅是高科技视觉辅助被错用，低科技也如此。从这方面说，高科技并不比低科技高一个等级。随之而来的一个问题就是，“在演说中我应该如何更高效利用视觉辅助和其他一些资料呢”？其实很简单，你只需要记住你才是主角，那些视觉辅助只是用来帮助你的。

低科技视觉辅助

低科技视觉辅助包括以下内容：

- 宣传单和小册子（你分发给听众或潜在客户的广告传单和其他附带材料）。
- 挂图（悬挂图表和图画的宣传板，现在仍有许多专业人员在用）。
- 幻灯片（现在已经不再被看成高科技，需要投影仪和屏幕）。
- 投影仪（被看作是老学院派才使用的工具，在当今商业环境里已经很过时，但在学术圈和培训中仍在使用）。
- 示范操作和模型（用来演示从电脑软件操作到手工艺品制作的各种设备）。

一对一演说中如何使用宣传单

假设我在一对一演说中遇到了一个潜在客户，我想利用传单帮助推销我的培训项目和所开发的产品。我把传单递给他，然后对他说：“我希望您能浏览一下这份传单。这上面列了我们出版的书、录制的磁带以及其他一些我们在继续教育领域所做的工作。”

为什么我要用这种方式？有以下几个原因。首先，当我把传单递给他时，我是希望他接过去。一般来说他随手接过的概率还是很高的。然而，他接住以后我并没有松手！这样我就可以掌控视觉辅助。我直接把传单放在他面前，他就会直接拿起来读，注意力便从我身上转移到视觉辅助上。

其次，抓住传单顶部，我就可以继续掌控局面。我接着说："但现在我得先把它拿走，统一放在这个文档里。"为什么？如果我把它留在他面前，他可能会拿起来看。但当我要把它拿走的时候，他脑海中肯定会有个声音在说："嘿，那是我的。"（人总是想得到那些得不到的东西）这个故事可能有点夸张，但这样确实做到了对传单的掌控。

以这种方式运用传单，在整个过程中你就始终处于焦点位置。先递给又收回，你成功营造了一种紧张氛围，反而激起了听众想去阅读那些材料的欲望。

电脑演示技术的不确定性

视觉辅助常被用来解释那些不好口头表达的东西。许多公司为了提高他们在投资者和顾客心目中的形象，对电脑演示进行了标准化处理，通常采用微软PPT以及Lotus Freelance Graphics软件设计。使用这些工具自有它的好处，但就像很多高科技装备一样，它也会让你面临一些纯口头演说所不会遇到的新风险。

一家位于加州伯克利的演示系统供应商最近所做的一项调查显示，有多达60%的演说问题是与电脑相关的。更让人吃惊的是，几乎一半的被调查者没有为他们的电脑辅助演说做备份。

在纽约的一次电脑演说

有一次，我受邀为纽约一家大型电脑公司做一场关于管理简报的演说，整个过程让我终生难忘。为了体现公司的风格，他们特别要求我借用电脑进行演说。于是我做了一整套幻灯片，来突出整个演说的要点。

利用电脑进行演说，对我而言最害怕发生的事情就是电脑在关键时刻出问题，从而影响我的思路。如果在演说中投影仪的灯泡烧坏了，存在电脑里的东西便无法放映，但你却不能停下来。演说进行到一半，台下 500 个听众正等着你播放下一张幻灯片，你却在这个时候修理电脑，这简直就是一场灾难。

为了不出纰漏，我做好幻灯片后，把所有文件又仔细检查了两遍。我提前两个小时到达会场，检查音响，确保接口连接完好。所有准备工作都做完，我便去楼下要了一杯咖啡消磨时间。会议正式开始。在我登台之前，公司的一名发言人被安排首先讲话。于是他登上讲台，连接好电脑，然后开始讲话。但当他说到一半的时候，主控制系统崩溃了。他倒是很镇定，继续说："没关系，稍后我会给大家一个大致的框架，没有电脑也无所谓。"但此时会场陷入了混乱，维修人员就像没头的苍蝇一样在来回乱窜。

5 分钟后，主办方宣布由于一早上的连续运转，系统出现了问题，一时半会儿修不好，所以在接下来的议程中无法再使用了。这时会议策划人很无奈地走到我面前问："泰瑞，我们接下来该怎么办？"我安慰他说，有没有电脑我都可以讲。

为了缓和一下气氛，主持人决定先休息一会儿。在休息的空档，维修人员修复了系统。我以为问题总算解决了，便插上我的电脑准备开始演说。按计划我要讲两个小时。但当我讲了 45 分钟后，系统再一次崩溃了！这个时点出问题太要命了。不过还好，就像以往一样，我已经提前给每位听众发了一份演说内容大纲，所以我并不担心而是继续讲。不用说，就像其他人一样，主办方对我的表现非常满意。所以，如果在演说中使用电脑，你必须为可能发生的所有情况做好准备。当出现问题时，如果你能不受影响继续演讲，会给别人留下更好的印象。我觉得在研习班上一再重复地讲这个故事很有必要，因为有太多的人在休息时会跑过来告诉我，他们也经历过类似的情况，但都搞砸了。很显然，这是大家经常会碰到的一个问题。

考虑到使用电脑进行演说的不确定因素，我建议随身携带演说大纲，永远只把视觉辅助的工具看做是外援。不断提醒自己，如果演说中电脑出现了问题应该如何应对，做好在没有电脑的帮助下演说的准备。最后我还想强调一下，演说当天一定要提前去检查装备。

高科技辅助工具的优点

我前面已经清楚地说过使用高科技辅助工具存在的挑战，现在我再谈谈，如果我们能正确使用，它们会带来哪些巨大的好处。许多人都认为自动化演说工具在未来销售和商业领域中会得到普遍应用。毫无疑问，用幻灯片直接从这一页跳转到下一页，要比拿一堆文字资料展示看起来专业很多。对那些小公司的销售人员来说，演说内容与演说方式一样重要。你传递信息的方式对你最后能否成功有很大影响。有些人认为在视频剪辑和个人电脑充斥的时代，幻灯片已经不再吸引听众的注意力了，在演说时使用投影仪更是被看作过时的老套路。PPT、Visio、Photoshop 不再是仅有的软件演示包。Keynote、Adobe Creative Suite，以及开放演示展示软件越来越多，而且大多是免费的。

然而，所有这些工具的使用都必须经过专门学习。购买这些工具却不进行任何使用培训，这就像购买一辆没有说明书的车。不知道如何正确地把电脑设备与你的演说内容结合起来，就是在浪费金钱。怎样设置恰当的快捷方式，什么时候使用电脑，什么时候合上电脑把注意力放在听众身上，都会对你能否拿下这单生意产生很大影响。

成功电脑演说的 10 个小技巧

如何正确进行电脑演说，行内专家给出了一些需要注意的关键建议。我概括了一些最重要的。

1．你本人及电脑应在屏幕的左方而不是中间。人们的阅读习惯都是从左到右，所以你在幻灯片一开始所站的位置应该正好能吸引他们的目光。当然，根据人们不同阅读习惯可以相应调整这一规则。

2．尽量站在灯下让人们能看清你。这样做能帮助你掌控局面，确保你处在演说的中心地位。最好使用遥控鼠标，并根据情境的变化调整灯光。

3．利用身体的移动来引导人们的注意力。当你想要观众看某个方向的时候，向屏幕那个方向打手势。当你想要人们把目光再次转向你，就移动一下身体。在有链接的幻灯片之间使用空白页，让听众注意力集中在你身上而不是屏幕上。你也可以合上电脑把人们的注意力集中在和你一对一的交流上。

4. 准备好备用电源及额外蓄电池。

5. 幻灯片尽量简洁，能证明你的论点即可。要清楚你所放映的这些幻灯片是必须的，还是仅仅是信息的堆砌。

6. 如果有些色彩很重要，比如公司商标的颜色，那么你需要调整电脑，对准投影屏幕确保观众可以清楚地看到图像。提前把该做的都做好，你就可以得到想要的结果。颜色应随着背景变化而变化。当你介绍一种新硬件，比如投影仪，要让它看起来不同，这时需要一个新的背景。

7. 色彩和特效尽可能简洁。每套幻灯片里颜色应该有限，最好别超过 6 种。不要把观众的注意力分散到奇特的过渡和结构上，而是要利用它们来帮助观众跟随你的思路。

8. 如果观众根本看不清你在展示什么，那一切都变得没有意义了。站到离屏幕 6 步远的地方测试可视性。

9. 关闭电脑的能源节约和屏幕保护程序。在没有提醒的情况下，这些程序会忽然蹦出来打断你的演说。

10. 熟悉如何在电脑和投影仪上同时显示图像，这是由一个转换开关控制的，通常是一个功能键。

害怕黑暗

我曾有幸为一家大型健康护理机构做讲座。那天早上我参加了他们的所有行程，我演说结束之后，他们邀我共进午餐。负责人告诉我，饭后他打算向全体员工介绍未来 10 年的新计划。所以房间里早就架起了两块屏幕，很显然他们打算通过一个精心设计的多媒体展示来唤起员工的士气。

午饭之后，员工陆续走进房间。为了保证放映效果，他们调暗了灯光。然后开启投影，大家开始观看这个演示。但是你可以想象一下，一个昏暗的房间里，挤满了刚刚酒足饭饱的人，会发生什么？毫无疑问，睡倒一片。再想象一下，当管理人员把灯打开的时候观众席会是什么样子？那场景就好像是一堆吸血鬼被黎明的阳光刺到一样。大家都很惊讶自己怎么这么容易就睡着了？在这个事件中最讽刺的就是，公司花费了好几千美元和大量时间精力去准备这场多媒体秀，却没有考虑到，饭后时间大家都会很疲惫这个常识。

如果在调暗房间灯光，听众注意力不集中的情况下，演说中播放一些劲爆音乐，制造一点炫目的视觉效果，会是什么效果？使用电脑技术和一些令人惊奇的多媒体工具，确实会达到很好的效果。但是切记，如果可能的话，不要调暗室内灯光。无论何时，尽量让听众精神饱满并确保能控制场面。

液晶投影仪

现在普遍使用的视觉辅助中，已经更新换代多次且仍在继续发展的一项技术，那就是便携式液晶投影仪。凭借清晰的图像，这些投影仪得到了大众的认可。几年前其价格还相当高，但近几年一直在降价，目前的价位能使越来越多的人买得起。这些高品质的回放工具代表着数十亿美元的庞大产业。其中很大一部分需求是靠销售人员带动的，他们想借助投影仪和电脑，避免前面所提及的销售中可能遇到的问题。有了专业设备的支持，意味着你能更好地掌控结果，因为你犯错的概率会降低，你表现得更有条理和更专业。加之这些投影仪都是携带式的，重量不超过两斤，带着去参加会议或贸易展都很方便。一些新款甚至可以开着灯在屏幕或墙上放映幻灯片。最新一款是无线投影仪，且能满足一个房间内的数台电脑协同放映。有些系统还采用了先进的安全防护措施。另外，现在一台个人电脑可以控制多台投影仪。有些投影仪甚至不需要电脑，只要一条 USB 数据线就可以驱动图像。

电子白板

会议过程中，与会人员积极参与是大家都渴望达到的状态，演说者提供的电子白板可能会激发大家参与的热情。这种白板类似于传统的书写白板，其特别之处在于用配套的记号笔在上面书写或绘制的所有内容都可以下载到个人电脑上。

另外一个越来越受欢迎的播放媒介是大屏幕电视，最大的可以达到 60 英寸。一些公司用它们来展示电脑生成的报告。最新款已达到超高清水平。

未来趋势

技术进步使得呈现一场令人印象深刻的演说变得越来越容易。许多软件包都包含模板和简单教程，即使你是新手，利用模板和教程也可以把一些看似很专业的内容整合到一起。能够处理音视频的专业绘图软件，可以使小公司看起来也像一个大集团一样。使用高质量的彩印可以让传单更加生动有趣，这种效果是一般黑白打印做不到的。

与几年前的幻灯片相比，现在的软件更具互动性。大多数的演示和多媒体文件之间都可以建立联系，所以当你想强调某点或回答听众提问时，你可以在两者之间自由转换。

现如今的电脑配置了更快的处理系统、更大的硬盘驱动、光盘播放器及录音机，借助这些技术，演说者只凭一张光盘就能做一场完美的多媒体演说，听众也可以很方便地复制，以备后用。

先进科技也给销售人员提供了强有力的工具去强化信息，打动客户。但即便是最佳视觉效果也弥补不了演说技能不足的缺憾。如若你的演说构思很差，那么使用这些高科技工具只会让结果变得更糟。过多地依赖幻灯片会让你把更多关注放在要说的内容上，而忽视了演说的方式，实际上你是用事实压垮听众而不是说服他们采取行动。我想你肯定不想让听众迷失在信息里，一旦你使用了这些先进技术，就很容易向听众倾倒远超他们所需的信息量，而关键在于有多少是真正有用的。问问你自己，他们是否真的需要知道这些信息。事实上如果他们想知道更多，完全可以直接问你。

练习，练习，练习，提前避免可能的错误

在演说准备阶段练习使用辅助工具是很有必要的。你需要提前为那些可能出现的意外情况做准备。问问自己：“如果在演说中，投影仪死机了，视屏停

止播放了，手提电脑崩溃了，幻灯机发生故障了……我应该怎么做？没有它们我该如何继续？”

掌控视觉辅助的5项基本规则

下面是5项需要牢记的规则，对你是很有用的：

1．不要使用过多的视觉辅助。如果你这样做了，无形中会削弱它们的影响力，同时也让听众觉得没有新鲜感。

2．站在你要演示事物的两边，而不是正前方。把注意力集中在听众身上，不要和你的视觉辅助“对话”，而应该直接和听众沟通。

3．尽可能使视觉辅助简单易懂。如果辅助中出现了数字或词语，把它们放大确保能被看清楚。

4．当你所使用的颜色与主题切合时，会提升视觉辅助的效果，同时可以突出重点。如果你只是为了给枯燥的图表增添一点色彩，切记不要太夸张。

5．设置一些亮点。换言之可以让听众发出“哇”的感慨。发挥创造力做一些吸引人的东西。

本章小结

- 错误7过度依赖视觉辅助。当你有效使用这些工具时，的确能带来积极的正面效果。然而，许多专业销售人员把它当成了演说的关键。记住你才是主角，视觉辅助只起辅助作用。
- 你可以选择的视觉辅助有图表、图画、照片、卡通、操作模型及样本。
- 视觉辅助可以是高科技的也可以是低科技的，包括传单、挂图、幻灯片、投影仪和电脑等。
- 演说中使用高科技视觉辅助时，记住成功电脑演说的10个小技巧。
- 记住并应用掌控视觉辅助的5项基本规则。

下章提示：高科技视觉辅助可以打动客户，但只是在你正确使用它们时才能达到理想的效果。无论你使用多少幻灯片，无聊的演说还是无聊。一场令人印象深刻的演说意味着你是主角。在下一章，我们将讨论你应该避免的另一个常见错误，即肢体语言不当。

第10章

错误8

肢体语言不当

有些人费神费力，就是为了变得正常一些，但没人能意识到这一点。

——阿尔贝·加缪斯

在最后几章，我们将分析如何将一场演说的各部分整合在一起。这是一项技术工作，类似于组装一架飞机。就好像当飞机开始驶离跑道时，坐在驾驶舱内的你可能会突然有点紧张，但这就是你要做的。我们已经设计出了一架很棒的飞行器，现在是时候看看它是怎样飞向蓝天的。

演说会让人心情愉悦，销售也是一样。这两项都是充满竞争的活动，所有适用于充满竞争活动的规则同样适用于销售演说。如果用8～10场演说才能达成一笔交易，就算你能承担如此高昂的成本（这是令人质疑的），那你内心能承受得了这么多次拒绝吗？为了呈现一场精彩演说，你必须同时运用语言和非语言的交流形式。我们在前面已经讨论过如何组织语言。现在我们要关注听众可能会接受到其他形式的信息。

肢体语言

对于职业销售人员及任何一个演说者来说，正确运用肢体语言是十分重要的。肢体语言可以做三件事：传递信息、影响听众的注意力、建立空间联系。事实上大多数肢体语言是身体的本能反应。比如，许多人在打电话时会不自觉地舞动双手。你曾经交叉过手臂吗？这个动作意味着排斥和不接受。虽然这种解释不一定有科学依据，但如果你的客户听过这种说法，又正好看到了你的这个动作，他会怎么想呢？基于以上考虑，如果演说者在演说时需要用肢体语言来补充信息，那么肢体语言必须得体，而且要确保听众不会因此转移注意力。消极的肢体语言是紧张和缺乏准备的体现。

人们所做的奇怪事

我们在舍丁沟通项目中，必做的一件事就是把学员在角色扮演环节的表现录制下来，然后重复播放。这样做的目的就是让学员能够像他们的客户一样全面审视自己的表现。这种训练往往给大家带来最多欢笑，尽管有些受训者会感到不舒服甚至害怕看自己的演说录像。他们的态度可能是，“我们不知道哪些东西不会伤害到自己”。但想要呈现一个完整的演说，我们必须控制每个环节。演说是一种传递艺术。你的眼神交流，你的肢体语言，甚至你的站位，所有这些都是最终成品的组件。我们的目的就是希望学员能够从别人的错误中吸取教训。

我们发现，人们如果不学着控制自己的能量和肾上腺素，它们就会以一种奇怪的难以置信的方式宣泄出来。你必须承认，人的身体会不由自主地用动作传递信息。为了证明我的观点，现在请大家回忆一下我前面提到过的一个人，她在打电话时会不自觉地舞动双手，很显然，对方根本看不到她，她应该也没有想过，“我先把手放在这儿，然后是这儿……”这些动作只是她自然而然做出的。所以，在演说过程中，当你的肾上腺素飙升的时候，你体内能量必须发泄出来。最正常的宣泄方式就是肢体语言。下面介绍一些人们在无法正常发泄体内能量时做出的反常事。

把手插在口袋里

男性与女性的习惯会有所不同。男性在演说时习惯将手叉在口袋里。你可能不认为这是一个大问题。你看吧，他们把手插在口袋里，前后摆动着双臂，怎么看怎么像一只小鸡。如果他们的衣领或 T 恤再紧一点，整个场景看起来会非常奇怪，他们要是来回走动，简直就像一只乱窜的公鸡。有些男士边演说边玩弄钥匙或者摆弄硬币，我个人觉得很好玩。但过了一会儿，你就开始好奇他到底在那儿玩什么鬼东西。事实上，女性也有类似的坏习惯。女性演说者永远在关注自己的妆容。她们总是不停地抚摸头发，衣服，甚至会时不时提提裙子。而且普遍来说女性会比男性更容易紧张。

一，二，三，踢

我们学员中有一位名叫杰米的女孩，我们猜想她肯定当过啦啦队长。因为她每次想要表明某个观点时，都会下意识地踢腿。我曾经开玩笑地和她说："杰米，我们都光看你的腿了。"她听后很惊讶地说："我不明白你在说什么！"就在这时，她又一次踢腿了！所以为了捉弄她，也为了让她意识到这个问题，我们按下了录像播放的快进键，快进的画面中，她就像在跳舞一样。让人欣慰的是，在随后的练习中她开始尝试着改掉这个习惯。

还有一些人在演说中采用的是"监狱站姿"或"稍息站姿"，站立时双手放背后，这个动作就好像双手被绑起来一样。除此之外还有"遮羞式"站法，就是将双手叠在一起置于身前，就像伊甸园中的亚当和夏娃遮住羞处一样。

把笔插在口袋里

我们学员中还有这样一类人，他们在演说时习惯手里拿一件很容易分散人注意力的东西并不时晃动。我们经常会看见有人做演说时手里拿着一支笔。无论昂贵的钻石笔还是便宜的塑料笔，都会分散听众的注意力。只需一会儿，听众就不会关心你说什么了，他们的注意力会全部集中在那支笔上。我有一位名叫詹姆士的同事，他说话时手里总是会拿着支笔，说完之后就会把笔放在他耳朵上。类似的，我们学员里还有一个男生，他习惯把笔插在侧边的头发里。当他看视频回放的时候，他说："我不敢相信我竟然做过这种事。"但就在几秒之后，他又一次把笔放在了那里，而且完全没有意识到他这么做了。我还认识一位男士，他说话时手里必须拿着笔，说完之后把笔插在领带上，然后用领带把笔缠起来，一会再放开，并一直重复这个动作。最后我们把笔拿走后发现他的领带上有一个笔尖扎的小洞。我觉得最不可思议的是，我的一个叫艾德·赖利的同事，他团队中有一个男生，这个男生特别容易紧张，所以他就在自己的 T

恤上缝了一颗可拆卸的扣子，演说时为了缓解紧张情绪，他会不断抠下扣子然后再安上。

用手托腮

我们有一位学员在课堂上讲过一个蜜蜂飞进他耳朵的故事。在讲述时，他把手指放在了蜜蜂飞进去的地方。如果这个动作只做一次，效果可能很好，但事实是在他整个讲述过程中，他不断重复这个动作直到被迫停止。无论我怎么打断他，让他不要再这么做了，他的小拇指还是会伸进耳朵里。很明显，在他看来把手指放到头的两边比放在身体两边要舒服得多，至少他讲这个故事的时候是这样。

你是企鹅吗

还有一种“企鹅”式站姿我也觉得很有意思。动作是这样的，站立的时候双臂直直垂在身体两侧，手指微翘。这么做可能是为了防止自己移动吧。还有一种动作我称为“蜘蛛”，就是先把手握成一个拳头，紧握一会儿然后再慢慢伸开。这些动作都会转移听众的注意力。

机器人

我们在回放录像时，经常能看到动作非常僵硬的“机器人”，他们所有关节好像都需要润滑一样，有点像《绿野仙踪》里暴雨过后的锡人。

言归正传，介绍了这么多奇怪的事，就是想告诉大家，我们经常会在无意识的情况下使用一些奇怪的肢体语言、手势或习惯动作。从站立姿势到肢体语言，从说话方式到面部表情，以及视觉辅助的使用，所有这一切呈现在你的演说中。而影响无非两种：要么强化了演说效果，要么削然了演说效果。

啊！太近了

人与人之间的空间关系是很重要的。销售人员与客户之间的交谈距离多远才算合适，这应该由客户来定。在一对一情况下，这是一条明确的准则。如果客户邀请你靠近，那你就靠近。要确保你与客户之间的距离是合适的。你遇见过那种在一开始表现得太过友好的销售人员吗？大部分人会认为这类销售员比那些一开始显得有些生疏的销售员还让人讨厌。电视情景喜剧《宋飞正传》里有这么一幕，主演们嘲弄一个人时，总开玩笑地称他为“密切交谈者”。所以请注意并尊重客户的个人空间，不要成为一个密切交谈者。

生气？你说的是我吗

当一个人演说时，他的面部表情可能会变得很扭曲。一个人如果眉毛拧到一起，这会让他看起来十分严厉。有些人会把这种表情解读为权威性，但也有人会把它理解为恐吓。

尝试着在演说的开头和结尾对听众报以微笑。不是谄媚的笑或虚假的笑，最好带点人情味儿。微笑是一种巨大的财富。其实只要你把自己的经历及对品牌的激情融入演说，笑容自然就会绽放。

眼神交流

与听众进行眼神交流是非常重要的。与听众四目相对时，你应该注视着对方的眼睛。如果你面对的是一群人，你的目光要扫过台下的每个人，这样做会让他们觉得你跟房间内每个人都有交流。如果你的眼睛不注视他们面孔而是往上看，你们之间就不会有眼神交流。

有意识地移动

身体移动会传递某种信息。有目的地移动和随意徘徊是有很大不同的。所以千万不要像舞蹈演员那样满场跳。演说过程中，当准备进入下个论点时，你应该变换一下身体重心。当要过渡到下一部分或开始讲述一个新主题的时候，向旁边挪一小步给听众一个提示。听众会立刻明白你的意图并重新集中注意力，接着你就可以开始进入下一个论点了。

做出承诺

如果想成为一名出色的演说家，就必须学会控制你那些容易让人分心的小动作和肢体语言。只有学会了控制自己，才能不影响听众。能否做到这点取决于你是否认真对待这场演说。如果你是认真的，那我要求你做一个严肃的承诺，每年至少有一次对自己的演说进行录像。把演说过程记录下来并观看，你就可以像客户一样全面审视自己的表现了。

简单阅读一下本书给出的一些小技巧，其中大部分你都可以采用。但你首先得知道自己有哪些毛病需要改正。让朋友或配偶观看一下你的演说，然后请他们提提意见，这当然是一个不错的方法。但在我看来，最好的方法还是去看那些记录自己真实表现的录像。

作为旁观者去审视自己的最大好处就是能够客观评价。有一次我在棕榈泉度假时，心血来潮想练网球。很奇怪的是，虽然我觉得自己的姿势有问题，但还总能接到球。事实上，这只是一种自我暗示，我总觉得自己打球的动作很难看。为了学习正确的接发球姿势，我去上了一节网球课。教练通过录像告诉我哪里做错了，10 分钟之后我就知道了自己真正的问题所在，并找到了克服方法。

如果没有摄像机，你可以去租一台，录下自己的演说，再按照第 13 章所提供的演说评价表，做一个自我评价。做了这个评价之后，你仅凭自己就能改掉其中大部分毛病。如果你是一名管理人员，并正为如何评估员工而苦恼，那么我强烈推荐把这个方法用在员工身上，就算会有缺陷，但相比外部批评来说，这也是一种更积极的做法。

如果你想达到更好的效果，可以去当地大学寻求演说教练的帮助，或者是寻求社会上专业演说人士的指导。同时也要考虑公司内部能提供训练和发展的资源，以及其他外部人员提供的服务。

在演说时，你的着装、肢体语言、演说内容及演说方式同等重要。为了达到有说服力演说的预期效果，你需要掌控所有方面。其中一项就是你应该学习如何正确地移动，这需要你在演说中时刻注意自己的动作。

本章小结

- 错误 8 是演说过程中，存在容易让人分心、令人讨厌的肢体语言和小动作，这种错误会降低你演说的档次，影响你作为一名称职演说者的可信度。
- 演说过程中，身体移动的方式会传递某种意思，影响听众的注意力，影响空间关系的构建。
- 大部分消极的肢体语言是紧张和缺乏准备的结果。
- 在演说时，有一些自己都意识不到的坏习惯是很正常的，比如，把手插在口袋里，踢腿，像机器人一样僵硬移动等。
- 要想管理和控制不当的肢体语言和小动作，首先要知道自己哪些地方不当，这项工作可以通过录制演讲视频观看回放来完成，然后再做恰当的调整。

下章提示：与肢体语言不当相呼应的是着装不得体。在第 11 章我们将讨论如何通过得体着装来加强你自身的可信度。

第 11 章

错误 9

着装不得体

想要成为成功人士，请重视自己的穿衣打扮及自己形象带给别人的视觉效果。

——尼都·奎贝恩

无论服装品位高低，每个人都认为自己一直是衣着得体的，这种想法也算是合乎常理。但实际上很多人在穿衣打扮时都凭借惯性，在随手套上一身衣服时并没有考虑太多，忽视了自己着装会给他人留下怎样的印象。我们以为只要没有穿着运动服去上班或者穿着晚礼服去参加公司野餐，就不会有人留意我们的着装，甚至根本不会有人关心这些。这是现在很多人普遍的想法，这种想法是完全错误的，尤其是对于那些需要时常面对公众的人士来说。

在着装这件事上有一些大的禁忌，也包括长大后妈妈就提醒过的。例如：穿着皱皱巴巴像是睡衣一样的衣服；没有熨烫过的西服搭配了笔挺的裤子；色彩搭配不协调；款式明显过时；搭配了不适宜的鞋子——不适宜的颜色或款式，或者鞋跟已经有磨损；领带过宽；佩戴太多饰品等。

大多数人都曾在一些场合犯过一次又一次令人难堪的低级错误，场面十分尴尬！没错，这样的错误不会对你的事业发展有任何帮助（在对形象越来越重视的今天甚至会让你丢掉饭碗）。我敢打赌，穿着不得体一定会给人留下负面的第一印象。同样地，在演说时不适宜的穿着也会给听众留下负面印象，如果在你前面出场的演说人恰好穿着讲究与你形成鲜明对比，就更糟糕了。

检验你的可信度

想要掌控演说，首先要掌控穿着。出于某种潜意识，客户通常首先通过你的穿衣来判断你的可信度。

在研习班上我了解到，职场人士在工作时的穿着与领导认为他们应有的穿着之间有所差异。其实有一点经理们很清楚，演说人的外在形象会影响顾客对整场演说的第一判断。但关键在于，他们不愿意向员工提出着装不得体的问题。因为他们认为这是员工的私事，而干预他人的私事是交往中的禁忌。所以尽管这些经理人对员工穿着并不满意，也认为没有必要促使他们被迫在服装上加大开销。

成功之路进入正轨吗

衣服不必昂贵，重要的是看起来要干净整洁，色彩协调，风格一致。显然谁也不希望自己看上去很邋遢，尽管现在有不少所谓的专家是以这样的形象公开发表演说的。我们的形象应当与我们想要传达的信息相匹配，虽然这种说法在美国公司里会被解读为过于谨慎。还有就是要设身处地考虑怎样穿衣能够适应听众的审美，与听众品位相投的穿戴能让演说获得更佳效果，但过分讲究也是一种画蛇添足。

《创业秘诀》一书的作者迈克尔·伯格认为，衣服颜色对销售成败有着重大影响。关于这个问题，他建议专业销售人员尝试如下这个为期 6 周的实验：

前 3 周工作时请穿着棕色套装，平整的褐色衬衫，男士再佩戴一条棕色领带，蹬上擦得发亮的棕色皮鞋，当然确保你的衣物都干净平整是最基本的。接下来 3 周，请穿着海军蓝套装，硬挺的白衬衣，套装里再配上一条红领带，要是女士就佩戴一枚红色胸针或是一条红围巾，也可以是一条红色项链，最后穿上打亮的黑皮鞋。

实验结果十分显著：在后 3 周里销售量陡增！为什么变化如此明显？因为

我们发现，穿蓝色套装比穿棕色套装卖得更好！与穿衣服的人无关！

这意味着你每天都要穿海军蓝套装吗？并非如此，但如果你希望演说毫无瑕疵更加完美，就确实应当关注一下衣服的颜色了。

我们都希望每天出门时自己有着百万富翁般的气质和气场，潇洒而自信。最近，弗吉尼亚州里士满的一家服装店总经理引用《瑞查蒙德时讯报》上的话说："坦白讲，走进门的那一刻，你的着装就决定了你留给人的第一印象，在你开口之前，衣着就是你的一切。"

第一印象

同样的道理，着装得体很重要，打造良好第一印象也很重要。而除了外在形象，你在开场白中呈现出的谈吐和修养也决定了他人对你的第一印象，而且往往会留下持久的印象。罗杰·艾尔斯和乔恩·克罗沙合著的《你本身就是信息》一书中提到，研究表明，初次见面时 7 秒钟足以使我们对他人有个初步评价。

在随机电话调查中我们发现，平均来看，销售人员赢得潜在顾客的良好第一印象最多只有 1 分钟时间。这表明在通常情况下，还没等我们正式展示自己，他人就已经对我们做出了评判。在工作室进行的角色扮演活动中，我们还发现，如果你对某人做一对一演说，无论男女，只需要 5 分钟就可以让他们对你深信不疑。

性别差异

就着装而言，男性和女性对他人的关注点是否有所不同呢？答案是肯定的。男性通常最关注你的领带，然后是鞋子。他们会看你的领带是不是打得正，鞋子是不是擦得光亮。那么女性的关注点是什么？实话实说，全部。女性对他人穿着比男性要挑剔得多。

当你出门时，穿什么能使你感觉自己像百万富翁一样潇洒自信呢？职业生涯管理集团人力资源咨询公司副总裁史蒂文·凯利认为，当你在选择穿什么衣服去参加工作面试时有三点需要考虑：首先，你穿上它看起来效果很不错；其次，穿上它使你感到舒适而自信；最后，面试时你希望充分表现出自己对面试官的尊重，所以衣服既不要过分考究也不能太不讲究。

古语说“人靠衣装马靠鞍”，现在依然如此，无论男女，这句话都适用。一些人甚至认为，在参加一场面试或一次商务会议时，着装的重要程度甚至可以与你的资历相提并论。

穿出自信

实际上，着装不仅影响着他人对我们的评价，也影响着我们演说或面试时的状态。这是无须赘述的，只要看看一个国家非营利组织的研究成果就清楚了。该组织发起了“穿出成功”项目，为低收入的女性求职者提供免费套装。这些女性会得到两套服装，一套是为面试准备的，另一套是为日后工作准备的。从鞋店到化妆品店，许多公司都参与了该项目并提供了自己的产品。

在ABC电视台的“黄金时段”节目中，参与“穿出成功”项目的女士们穿着得体的免费套装面试时信心十足。用纽约“穿出成功”项目发起人南希·鲁布林的话说，这些女士现在展示出的自信与她们第一次应聘时的紧张无措相比，简直有天壤之别。南希·鲁布林说：“她们从我这里走出去后充满自信，这才是最重要的！”这一点在寻求职位晋升时同样适用，当你看起来像准备大显身手时，你就更有可能获得晋升机会。

女士在商务着装上的选择比男士要丰富多了。女士裙子的适宜长度应取决于她所在行业。一位女装店店主建议说：“如果是室内设计师或是艺术家，可以搭配短一点的彰显活力的裙子，但如果从事会计或是其他专业性更强的职业，穿衣时则应当更偏重优雅知性。”她还建议，夹克可以短点，但指甲一定要修剪，因为面试时长指甲很容易给人留下不好印象，而且手一定要干干净净的。另外，面试广告、市场营销及销售类行业人士，不要穿得像法律或是银行从业人员那样保守。

着装得体的重要性

最近，南部一家女装公司副总裁在报纸上发表了一篇评论文章，专门谈了面试时得体着装的重要性。他建议，认识一位本地出色的裁缝是一种明智做法。在接受媒体采访时，这位副总裁说："穿衣时你首先考虑的不应是潮流时尚，而应该关注衣服是否合体。抛开款式不谈，单是合体衣着就能够给人留下好的印象。反之，不合体衣着也会给人留下糟糕的印象。"

你永远不知道……

一些商务人士认为，即便在娱乐场合也要保持一贯的稳重形象。唐纳德·特朗普在他《做生意的艺术》一书中写到，他出门时总是一身商务打扮，因为他不知道会遇到谁。这句话是值得注意的。想象一下下面的情景，某天你顶着乱糟糟的头发或者穿着背心出门时，恰好墨菲定律起作用了——怕什么来什么。样子最邋遢的那一刻，你最怕遇到某个重要人物偏偏出现了。

单身女郎派对

有次我穿着过于时髦的衣服在当地一家夜店偶遇几位重要客户。当天是我一位女性朋友的婚前单身派对，所以我们几个决定疯狂一把。那天我们都穿着迷你短裙，把头发弄得直直向上。我还穿了黑色长筒袜，黑色帆布鞋和黑色皮夹克，看上去就像个夜店常客。

我们五个人租了一辆豪华轿车，飞驶到酒吧街的第一家夜店。我很快就进入了状态，在最高舞台上享受夜店的狂欢气氛。当我从舞台向下看时，看到有一桌都是我的客户，上周他们刚参加了我的培训课程。他们认出我时也很吃惊。毫无疑问，他们来不及等到周一上班就把这件事情报告给了他们的经理。等我周一到办公室的时候，电话留言机里已经有了 6 个客户留言，或责备或取笑。

尽管那天晚上属于我的私人时间，而且夜店狂欢也仅仅是为了娱乐，与个人品质或是性格无关，但这件事使我真正认识到，在任何时间都要穿着与你工作和职业相匹配的服装有多么重要。因为你永远不知道下一秒会遇到谁！

行业决定衣着

一位导师曾经告诉我："泰瑞，在做商业演说时，不要根据你现在所处职位穿衣，而要按照你期望的样子去选择着装。"大部分人至少听说过约翰·莫洛伊的《穿出成功》这本书吧。自从这本畅销书出版后，我发现一些原有穿衣规则发生了改变。现在人们需要根据自己所在行业和一些特定场合来考虑自己的着装。例如，建筑承包商和世界五百强总裁的穿着一定是不一样的。周五是很多美国公司的休闲装扮日，人们通常一身运动衣就来上班了，好像随时要去打高尔夫一样。很遗憾的是，这种穿着随意的趋势已经蔓延开来，甚至传到了国外。在我看来，公司为员工创造一个更为宽松的工作环境是没错的，但员工们这种着装方式可能会有损公司形象。

祖母守则

我个人的穿衣守则第一条就是，在挑选衣服时要想一下，如果被祖母看到了她会怎么评价。我的祖母多丽丝·伯恩斯是个优雅精致的英国女人。我总是想象自己去见祖母时，她穿得那样庄重而高雅，这样的打扮令她骄傲。在见客户时，我要求自己穿出祖母的风格气质来，因为他们愿意将有限时间与我分享，我要对他们表现出尊重与敬意。

在任何场合都能够装扮得体而精致，能有这种天赋的人只是少数。但我们常人也要尽可能穿出最好的自己。在商界，对穿衣上的投资能让你未来获得超乎想象的回报。

服装顾问来支援

最近我们了解到一些关于着装的宝贵信息，比如市面上很多关于教大家如何穿衣的书籍已经有点过时了。着装对于职业生涯的重要性无须再言，我强烈建议那些在事业上有所追求的人士，一定要结识一名私人服装顾问，至少是一位大型百货公司的工作人员（大部分情况下他们是不需要咨询费的）。你可以从他们那里得到一些关于色彩款式的建议，最重要的是了解一些不同场合的着装礼仪。如果你的圈子里没有人能够担任这个角色，就去读一读莫洛伊那本《穿出成功》吧。这本书至少可以成为你穿着装扮的基础指南。如果有可能的话，我还是建议最好请一位专业服装顾问。

着装小窍门

下面列出了几条成功着装的小技巧，你应该时刻牢记：

1. 适应场合。穿衣风格与出席场合的氛围相符。衣着随意和过分讲究均不可取，要了解并遵守听众的着装文化。

2. 穿着舒适，看上去整洁大方的衣服会让你更加自信。

3. 服装合体。确保所有衣服都是合体的。认识一位好裁缝很重要，衣服不论新旧，合身是最基本要求。

4. 色彩协调。如果你不了解色彩搭配原则，就去看看书上的总结。这是普遍适用的，并不需要私人服装顾问。

5. 鞋子擦亮，保持干净。配饰精致，与衣服相称。不要装饰得像圣诞树一样。

6. 顺应潮流。穿衣打扮要让人看出你是了解现在潮流的，而不是从杂志上生搬硬套的。

穿着得体的成本

的确，穿着得体是需要资金投入的，但经过多次投资后你一定会获得回报。提升你衣服的整体风格和品位是一件烧钱的事，但这更是对你本人及职业生涯的一种投资。有些人每年都要花费成千上万的真金白银，只是为了追求一个“看起来很不错”，如果你愿意当然也可以这样做。但我要说的是，对大多数人而言，看起来整洁、职业、有魅力就足够了，而这并不需要太多的花费。如今有一些折扣店的服装售价比舶来衣服的价格还要低，而这些衣服足以满足我们的需要。我还知道有些很会打扮的人从来不需要买最新款式的衣服。现在很多高端品牌也有了寄售商店，只要你愿意多逛几家，就不难淘到性价比很高的衣服。

如果你要参加一次有许多重要人物到场的重大活动，又不想买那些价格昂贵只用一次的衣服，那就从亲朋好友那里借一件吧。你只是借穿一次，他们一般会很开心地借给你一件毛衣、衬衫或是领带，也许这次“人情债”还会加深你们之间的友谊。只要记得穿后送到高档洗衣店清洁一遍再物归原主就可以了！

每天出门前像百万富翁一样装扮自己，就会像百万富翁一样洒脱自信。

本章小结

- 错误 9 是着装不得体。在参加会议或进行演说时，着装是否得体在几秒钟内就决定了听众对你的第一印象是积极的还是消极的。
- 当客户或者潜在顾客考虑你是否值得信赖时，他们首先会通过你的着装作出判断。
- 穿衣风格与听众相匹配很重要的。穿着打扮入时而优雅当然很好，但也要与听众着装品位相称。
- 先不要过多考虑潮流，着装合体永远是第一位的。
- 得体的打扮是对客户花费时间的尊重，这个观点是完全正确的。

- 服装顾问不仅可以给你一些关于色彩款式的建议，最重要的是他们能够告诉你一些着装礼仪。
- 改进自己的着装是需要资金投入的，但经过多次投资后你一定会获得回报。当你的形象和气质都处于最佳状态时，精神焕发地走上讲台，由内而外散发出的自信和能量会使你的演说更加精彩。

下章提示：着装不得体，是专业的销售人员常犯的9大错误中的最后一个，我希望大家能开始高度重视这件事。在下一章，我将介绍如何综合运用这些工具和技巧，从而创造一个拓展业务的新机会。我将其称为“赢得被听权利”，内容涉及如何准备一次说服力强的“电梯演说”，即通过简洁交流激发客户的兴趣，从而使他们愿意再花时间听你做一次完整的演说。很多销售人员并不善于利用“电梯演说”作为敲门砖，但它的确能够帮助你获得更大成功，让我们在下一章拭目以待吧。

第 12 章

是否存在第 10 种错误

未能赢得被听权

若没有机会，能力将毫无用处。

——拿破仑·波拿巴

至此，我们已经阐述了销售演说中常见的 9 大错误，也为大家提供了一些规避的小技巧。在《销售就是一场演说》第一版中，我们接下来要学习的是如何评价自己的演说，而第二版有所不同，在我们进行自评之前还有一部分重要内容与大家分享。因为第一版发行后，我们又在培训过程中得到了新的反馈，很多演说者发现难以接触到那些真正有支付能力的潜在客户，我把它总结为未能赢得被听权。

你可能会想，我已经掌握了打造一场有说服力演说的系列步骤。我设计了富有逻辑的提纲，论点明确有力，在内容中加入笑料、戏剧性情节及个人经历使演讲更生动，也恰当地使用了一些视觉辅助工具来突出重点。除此之外，我还进行了彩排练习。的确，我也看到自己正在进步。但至此，我还不知道要如何让那些凤毛麟角的高端客户，那些精英中的佼佼者给我一个向他们演说的机会，这些最最关键的决策人通常也是最难接触到的，我要怎样做才能获得敲门砖呢？答案就是，你必须要争取到被听权。许多人都忽视了这点，包括一些专业销售人员。事实上，这是个出现频繁而且代价昂贵的错误，将它列为销售演说中的第 10 大错误类型也不为过。赢得被听权就是要为自己精心准备的演说创造一个展示机会。

如何获得高端潜在顾客或听众的注意，一直以来都是专业销售人员面临的最具挑战性的问题之一。因为在接触到这些关键人物前，他们的秘书或是其他人常常会对你进行礼貌询问，比如你是谁，你在哪家公司工作，你前来的真正目的是什么等诸如此类的问题。这些人训练有素，他们的工作任务就是使公司的高层决策者免受打扰。那么，你怎样才能绕过他们接触关键人物进而得到演说机会呢？“电梯演说”可以帮你应对这种挑战。

你还记得在第 2 章白玫瑰的故事中，我在停车场等待吉姆·埃默里的情节吗？你还记得他说“我没有 10 分钟，我们从这辆车走到那个门口，你只有两分钟时间”吗？回忆一下那个故事就不难想起，正是这两分钟的演说使我后来有机会向他展示了我的整个演说，这两分钟的作用功不可没。为吉姆·埃默里做的两分钟演说也叫“电梯演说”。一个有效的电梯演说能够让听众对我们要谈内容有个初步了解。如果表现出色，使他们对电梯演说中的内容感兴趣，他们可能会愿意给我们一次完整演说的机会。这就意味着我们赢得了被听权。

什么是电梯演说

电梯演说是能够帮助你获得演说机会的有效方法。你的潜在顾客也许不了解你，也许没有时间听你做一次完整演说。但出于好奇，或是礼貌，抑或认为自己有责任为了公司发展接收来自四面八方的各种新鲜想法，他可能会给你几分钟时间。在这短短的几分钟里，你就可以向他展示你精心准备的演说。这种“迷你”演说的目的在于激发他的兴趣，让他愿意约你做一次更全面更深入的演说。不要奢求在 3 分钟内就能与你的客户、潜在顾客或是听众达成交易。电梯演说只是一个让你能够开始一次有针对性谈话进而敲定下次面谈时间的方法。

在过去几年中，电梯演说成为了流行术语，大量销售组织鼓励自己的团队学习如何做一场有效的“迷你”演说。大部分电梯演说并不是真的在电梯里进行，但有一所院校确实让学生在运行的电梯中进行训练。

位于北卡罗来纳州温斯顿塞勒姆地区的维克森林大学已经连续几年主办

巴高克电梯演说比赛。许多高校的 MBA 学生参与其中，竞赛的同时检验了自己电梯演说的技艺水平。比赛中两人一组，每组参赛选手在两分钟内向区域风险投资人阐述自己的创业想法。比赛当日，来自杜克大学、卡内基梅隆大学、芝加哥大学等多所高校的参赛学生，在温斯顿塞勒姆的市中心商务中心集合，然后进入一座 28 层的写字楼电梯中，为寻求对他们商业计划的支持而进行电梯演说。整个比赛中没有任何外援和道具，选手只能凭出色的演说技巧或是切实可行的商业理念取胜。从《随行者在线》杂志 2004 年 1 月号上刊登的作家劳拉·希尔格斯的文章来看，这一比赛还是很具挑战性的，因为参赛者要向风险投资专家介绍自己的商业计划并寻求资金支持。

也许你有过这样的经历，你和潜在顾客在电梯中碰面了，和他只能谈短短几分钟，“电梯演说”一词就是由此而来。想象一下，当你走进纽约市中心一座摩天大楼的电梯里，电梯门关上时你突然发现，两个月来你一直想约见却从未成功约见的那个人就站在你身后，更巧的是，你们都去往 52 层。这是一个多么千载难逢的机会啊！他现在无处可逃！但你只有几分钟时间演说。你需要的是争取更多时间向他兜售你的理念，而眼前就是一次获得被听权的机会。此时，抓住这一稍纵即逝的机会的最佳途径就是进行一场让人欲罢不能的电梯演说！

电梯演说的重点在于根据听众的个性、生活方式和个人需要，激发他们的兴趣。无论你是销售人员，还是寻找风投的企业家，无论你是教师、政治家，还是一名普通求职者，电梯演说对拓宽职业发展都是十分有益的方法。下面举一个影视行业的例子。

在全美电视节目专业协会（NATPE）的年度大会上，都会举办节目选拔活动，规则是人们设计全新的电视节目，然后用 3 分钟阐述自己的想法。如果你有绝好的创意，可以用 3 分钟说服高管进行节目制作。一旦有人认为你的想法十分精彩，你将受邀参与会议，讨论如何进一步实现你的想法。

杰·雷诺在他的《今夜秀》节目中播放了最近一次大会上的几段演说录像，有的很出色，有的很一般，有的很怪诞。雷诺请观众用掌声对这些节目创意进行投票，根据观众的反响来决定这些创意是否能够投入制作。

有效运用电梯演说

学习如何运用电梯演说需要深入思考并做些准备。经常有人无法理解，一个仅有两三分钟的演说如何能帮助他们获得机会。的确，有时他们想要告知潜在顾客的信息是十分复杂的，一般来看至少需要半个小时才能讲清楚。他们宣称："我根本无法在 3 分钟甚至更短时间里把我的想法表达清楚！"但真的尝试过之后，他们会惊讶地发现，3 分钟演讲竟然能讲那么多内容。

有人告诉我，他们的工作环境并不适合电梯演说。他们说："你和客户是面对面沟通的，当然能吸引他全部注意力，但我却是通过电话和客户打交道，这就完全不一样了，我可没有机会在停车场转来转去，等着给某个重要人物送上一束玫瑰花！"

实际上，对那些通过电话与客户沟通的人来说，富有创意的电梯演说也是一个很好的工具。如果你对电梯演说驾轻就熟，就可以用简练的语言表达出你是谁及你可以为对方提供什么服务。一般来说，潜在顾客在搞清楚你的身份和目的之前是不会挂断电话的。这时，你就有希望抓住机会，并说服他们聆听你做一次内容更加翔实的演说。

什么场合运用电梯演说

毫不夸张地说，电梯演说在无数场合都有其用武之地。比如，当人们参加交流会时，通常只有几分钟时间向别人解释自己是做什么的。如果你在展会工作，经常会有人到你的展位上寻找信息。这些潜在顾客没有必要听你做一次完整的销售演说，但他可能很愿意听你用两三分钟介绍一些概况信息，如果对你的介绍有兴趣，他会在你的展位搜集更多产品信息或是同意约个时间和你详谈。

有时你还会受邀做小组演说。在小组演说中，几乎没有组长会慷慨到给你 20 分钟做展示，在介绍你的时候他一般会说："泰瑞，请用两三分钟时间告诉大家你的工作及我们能从你服务中获得什么？"

销售组织也经常会举办一些活动，比如午宴、晚宴和高尔夫联赛等，活动组织者可能会让你做介绍性的发言。也许出于对活动主办方的感谢，还会让你做一个两三分钟的简短演说。我见过太多公司在举办各种活动中投入大量资金，却没有很好地利用这个宝贵机会对自己和自己公司进行市场宣传。

你还可以将电梯演说的技巧运用到招聘会上。在人满为患的招聘会上，求职者往往仅有两三分钟时间来介绍自己，招聘人员要通过这两三分钟决定是否给她面试机会，甚至就此决定是否要录用她。再试想，如果社区领导的决策损害了你的权益，在市议会上你只有几分钟时间说明自己的遭遇，你该怎么利用好这极其有限的时间呢？这时你可以用电梯演说清晰表明自己的立场和态度。

我想不到还有什么比电梯演说更好的方法能拓展你的圈子了，所有参加过电梯演说技巧培训的学员都说受益匪浅，并告诉我他们是如何在各个场合运用电梯演说的。在电话沟通中，在交流会上，在办公室会议上，在教堂里或集会上，在社会募捐时，在向教师联谊会提出需求时，能够用到电梯演说的场合越来越多。连那些不是专业销售员的学员都惊讶地跟我说，他们从没有想过电梯演说对他们的帮助这么大。

也许你并不是每天都用到电梯演说，但还是要不断地练习完善，确保无论机会何时从天而降都不会错过。你永远不知道你什么时候有机会接触到重要客户，所以要时刻准备着抓住这样千载难逢的时机。

如何打造一场成功的电梯演说

现在你已经看到了电梯演说的价值，它能在生活的方方面面帮助你更上一层楼。构思一个电梯演说都涉及哪些方面，这件事有多难，具体到操作层面又要如何准备呢？

把信息整合在一起是需要事先规划的，由于在电梯演说中所有的内容都要精练再精练，所以通常比完成一次正常篇幅演说的难度更大。你完全可以自学如何打造一场有效的电梯演说，只要按照本书后面的指导，并在亲朋好友或镜子面前多多练习就能办到。

干中学：首先讲述一个个人探险故事，再讲一个商业演说

我通常要求学员做两种不同性质的演习，来判断他们演说的优势和不足。我把这两个训练题放在这里，你也可以自己尝试练习一下。

演习 1：

在培训工作室，我们首先要求学员创作并展示一个两分钟的个人探险故事，故事内容要有寓意。与商业演说不同，在这个演说练习中，他们可以根据自己的风格自由发挥。这样一来，他们在讲故事时能够将注意力集中在时间控制、故事情节发展和重点上。

演习 2：

接下来，再让学员完成一个与他们所在行业相关的、情境既定的三分钟电梯演说。就像巴高克电梯演说比赛那样，我们给出假定的潜在顾客和场景背景信息，学员在一小时内完成构思和创作。在大多数情况下，电梯演说是一种即兴行为，但演说内容需要你事前备好并记在脑子里的。

我们当场对两个演说进行评价并提出改进建议。

学员晚上回到自己房间，再进一步运用各种方法加以练习提高。比如尝试变换不同的故事，对着镜子讲给自己听，使用提示卡片进行练习，等等。第二天再次向大家展示自己改进后的演说。

在个人探险故事的练习中，我们看到的是学员的个人风格，讲故事技巧和对整个演说的掌控能力。在商业演说练习中，我们考察的是学员的说服性演说技巧，比如，如何设计演说结构，安排论点先后顺序，如何阐述重点及如何总结和收尾。了解了这些信息，我们就能有的放矢帮助学员将个人风格和演说内容有机地结合起来，从而创作出最佳演说。

下面我们介绍一些打造一场三分钟电梯演说的普适性原则。

依然从精心设计的提纲入手

在准备一个电梯演说时，首先要搞清楚你的目的：你是一个想要约见客户的专业销售人员，还是一个希望从招聘人员那里获得面试机会的求职者？是一个正在努力尝试签下大项目的企业家，还是一个怀揣一份切实可行的商业计划书而寻求风险投资的人？无论你身处哪种情形，你都要准备一个富有创意且令

人难忘的迷你演说，激发听者的兴趣，从而使他愿意给你 20 分钟甚至一小时时间听你做一次完整演说。

先列出他人要与你合作的 10 大原因（这里参考第 4 章错误 2 信息量太大说服性太差）。列出 10 大原因能够帮助你不偏离演说重点，时刻牢记演说目的。如果在准备过程中你发现时间有限，无法罗列出 10 个原因，就选出 3～4 个最重要的，其他的留在第二次见面时说。下一步就要开始设计演说提纲了。在前面章节中我们提到提纲由论点构成，也告诉了大家一些使论点具有说服力的方法技巧，这些在做电梯演说时同样适用。

电梯演说的整体框架和长演说是一样的，同样由引言、正文、总结和结束四部分组成，这与你要做一个 3 分钟的迷你演说还是一小时的长演说没有关系。无论演说时间长短，框架结构是相同的。演说时，你需要回忆所准备的内容然后讲述出来，而不是呆板地读出讲稿，所以如果你真需要准备些卡片提示自己，4～5 张就足够了。

下面为大家列出一个提纲示例（见表 12-1），帮助大家创造出有效的电梯演说（与第 5 章中给大家的提纲相似，但简短些）。这只是个基础提纲，你可以根据自己的具体情况进行改动。比如你想要把重点集中在指出顾客的 3 点需要上，然后强调自己能够满足这些需要，从而激发顾客的兴趣，这也是行得通的。提纲是为了帮助你更有效利用时间，当你只有 2～3 分钟时，抓住要点就更加重要了。

表 12-1 电梯演说提纲

一、引言 1．吸引听众的注意力 2．阐明自己的主题 二、正文 1．为什么要选择你（找一个他们应该选择你的强有力论点） 2．为什么要选择你公司（找一个他们应该选择你公司的强有力论点） 3．为什么要现在合作（向听众解释为什么需要立即采取行动）

续表

三、总结
概括（将你希望能另安排时间进行详谈的其他 6 个要点一带而过）
四、结束
争取敲定下次会面时间，进一步为他们做一次更加翔实深入的演说

电梯演说多长时间

在我们工作室，学员做演讲时每 30 秒都会有严格的时间提示。除了确保公平,也是为了强化学员控制时间的意识(参考第 5 章错误 3 时间分配不合理)。一般来说，潜在顾客很难反对你仅仅占用他两三分钟时间做个演说。如果你在承诺的时间里完成了，他通常会愿意跟你约个时间做更细致的沟通。一旦你超时了，就意味着你失去了顾客的信任，他不会再相信你能在他规定的时间里完成演说。

这表明，听众掌握着你的演说时间长短的决定权，所以演说在一定程度上要“能缩能伸”。原则就是根据你当时的实际情况确定电梯演说的时长。关于电梯演说是什么大家说法不一。有些讲师认为电梯演说就是几组句子的拼凑，有些则认为是长演讲内容的要点概括。我的观点是，电梯演说是精心设计的涵盖长演讲所有要素的迷你演说。

做一次有说服力的演说至少是需要几分钟的，让我们就先从三分钟演说开始练习。你一旦知道如何设计一个三分钟演说，你也就知道如何做一个时间更长内容更翔实的说服性演说了。无论时间长短，演说的框架是不变的，只是分配给每部分的时间有所不同。在打造你的第一个三分钟电梯演说时，请给每部分大约 30 秒的时间。

电梯演说都包含些什么

让我们再回顾一下第 5 章中提到的错误 3 时间分配不合理。那时我们深入探讨了如何构造一场演说。再次强调，在迷你演说中，你可能没有时间全部涵盖 10 个具有说服力的论点，那么就选出 3 个最强有力的论点作为演说的主体内容。这时你发现演说将由 6 部分组成——引言、论点 1、论点 2、论点 3、总结和结尾。

引言的作用在于吸引听众的注意力，告诉他们你的演说主题是什么及演说内容包含什么，这同时也回答了你在这里给他们做演说的原因。你可以引用一些数据、公开事实或是“背景陈述”增强你的可信度，从历史角度引出自己的观点，然后对接下来的部分做个简要概括。

正文部分是你的3个主要论点，用以阐释听众为什么要选择你和你的公司。在规定时间里，对你的每个论点作出必要的解释，包括你或者你公司的特点和优势。还有就是，不要忘记危害营销！向他们说明，如果他们不与你合作可能会造成怎样的后果！

在准备电梯演说的正文部分时，请自问下面这个问题：我的演说是不是有足够的吸引力和说服力，使他们愿意花更多时间深入了解我和我的公司及我们提供的服务呢？先抛开时间不说，你必须确保你的论点能够激发听众兴趣。

总结是对前面部分（包括引言）信息的概括，同时表达出你还有很多材料想向听众展示，希望他们给你这个宝贵的机会。而结尾部分则是要呼吁听众有所行动。在电梯演说中，结尾的作用就是让听众给你一次做完整演说的机会。所以大致说来，总结通常包含了五部分内容：概括所讲信息，呼吁采取行动，说明你的打算（希望彼此关系能更进一步），回顾一遍引言以及再次强调观点。结尾则是呼吁行动，具体到电梯演说中就是呼吁潜在顾客跟你敲定某个时间，听你做一次完整演说。

如果你按照以上原则创作并将每一部分有机地结合起来，相信这将会是一场非常精彩的演说。牢记，尽可能地激发听众的兴趣，使他们愿意单独或是小范围地与你约谈，这样你就有机会准备更详尽也更有针对性的演说了。

除了有趣，令人难忘也是很重要的，你有自己独特的视角并没有什么不好。关于这点，有个叫汤姆·拜耳的人给我留下了深刻印象。汤姆·拜耳在一家大型抵押银行工作，他在自己的名片上钉上一片阿司匹林。做自我介绍时，他称自己是“解决贷款过程中一切令人头痛的麻烦事”的债权人，然后自然而然地向对方说明他是如何减轻贷款人压力的，他所在公司能够提供什么服务，以及你为什么要与他合作。与其他销售人员相比，汤姆·拜耳给人的感觉是独特的，让人感觉他在非常努力地想与你达成这笔交易。

目标设定与电梯演说

如果你想要通过使用电梯演说挖掘更多的潜在顾客，最好给自己设定目标。就我而言，如果我的潜在顾客圈子变小了，周五我会赖在办公室打够 25 个“销售电话”才离开。我对自己说，完成目标前不可以回家。在打电话时，我会根据不同听众的特点使用不同的电梯演说。只有当你开始使用电梯演说时它才会有用。如果你决定通过使用电梯演说拓展顾客，那就为自己设定个目标吧，也看看自己一周能做多少次电梯演说。

练习你的电梯演说

有个非常可怕的现象：大多数人喜欢使用语音邮件交流，而不习惯打销售电话做电梯演说。我在工作中经常接触到一些顶级演说者，我发现他们总是处于一种求知的状态，渴望得到来自四面八方的各种反馈，从而进一步提高自己的技艺水平。他们就像是一些杰出运动员，对训练强度永不满足。他们一遍又一遍看自己的演说录像。我问他们，看自己不同时期的销售演说时在想什么，他们说，早期那些简直不堪入目，难以想象那些年少赚了多少本应该到手的钱。

这些顶级演说者热衷于看录像来提高自己的水平，是因为他们与其他普通演说者有两点不同。一是，由于已经是最出色的演说者，他们不再需要大量演练。二是，他们总是在寻找一些新方法进一步增强自己的竞争力，想在更短的时间里做更多事。也就是说，运用更短的演说，展现给更多的人。你接触的人越多，你的圈子就越大。

共同挑战

在人们创作电梯演说时，最常见的难处就是要将所有内容压缩精练在两三分钟里，似乎做一场迷你演说比长演讲更加困难。也许是因为在做电梯演说时，你要认真思考慎重抉择，哪些是最重要的，哪些是可有可无的。

在学习如何设计一场电梯演说时，有些学员会提出异议，认为讲述个人探险故事的训练是毫无意义的，他们在工作中是不会给客户讲故事的。确实是这样，他们不会在工作时讲故事，但一个出色演说者讲故事也一定很精彩。有些人能把故事讲得生动有趣，而有些人只是平铺直叙。作为培训讲师，我想看的是他们怎样讲述自己的故事，如何运用肢体语言，能否使用富有感染力的声音，以及他们怎样使故事连贯流畅。在讲述时结构脉络是否清晰？重点是否突出？故事妙趣横生还是漫无边际毫无逻辑？学员是准备充分还是即兴发挥？他们时间分配是否合理？等等。在讲故事训练中，你能看到所有常见的 9 大错误，进而可以判断学员在电梯演说中是否同样会出现这些问题。

即便你的工作是做传统的长篇演说，学习一些电梯演说技巧和方法对你的职业发展也是有益的。这就好比足球运动员在大赛前一周里，为了提高他们的敏捷度、协调性、灵活性、速度及平衡性，教练不停地训练他们绕障碍跑，用最快的速度在 20 个轮胎间来回穿梭。而在真正比赛中他们是不需要绕轮胎跑的！但这种训练确实能帮助他们更好备战大赛。

警惕那些常见问题

电梯演说与大型演说虽然篇幅长度不同，但在设计发表过程中所碰到的问题其实并没有什么两样。在讲述个人探险故事的训练中，我总能从学员那里听到一些生动活泼趣味盎然的好故事，与他们销售演说完全不一样。一旦涉及工作内容，人们总是认为自己应该中规中矩一些，但事实上，这种观念常常使他们的演说变得无聊无趣。其实这是完全没有必要的，趣味性、说服性、专业性在演说中是毫不冲突是可以共存的。常见问题如下：

1．过于依赖提示卡片；

2．结构混乱；

3．结尾不够明确；

4．太过无趣；

5．信息性过强；

6．口齿不清；

7．缺乏热情；

8．内容不连贯；

9．时间分配不合理；

10．词汇表达不到位；

11．引用不得当；

12．辩解太多；

13．富有激情但内容空洞；

14．内容充分但缺少激情；

15．缺少吸引力；

16．缺乏创造性；

17．故事情节太少（或根本没有）；

18．过于矫揉造作；

19．缺少权威性；

20．没能展示出你的独特之处。

你是否需要多准备几个电梯演说

你可以根据需要多准备几个不同的电梯演说。你是否想过要设计几个不同版本、不同篇幅的电梯演说来适应不同场合？比如在扶轮国际（Rotary Club）的午宴上，你可能需要做个五分钟讲话，但在每周例会上你只有两分钟发言时间。这样一来，你就需要为这两个发言分别准备不同的电梯演说。

做好效果跟踪

如果整个团队都进行了电梯演说的培训，那么做好效果跟踪是大有裨益的。有的销售团队的进步令人瞩目。有一家金融行业的龙头企业，其销售团队经过三分钟电梯演说的培训后，扩大了团队圈子，获得了更多机会，贷款发放量有了显著提升。经过两天的训练，销售人员变得自信了，明白了演说中该包含哪些内容，大家不再怯场，开始主动为自己创造演说机会。将三分钟电梯演说有效运用在工作中后，这些销售人员发现，他们成功接触到了很多高端客户。拓展了自己的圈子，贷款发放量自然就随之增加了。这些贷款经纪人体会到了工作中的乐趣，在不断接触越来越多的高端客户中找到了成就感，工作满意度也提高了。可谓一石多鸟。

富有创造性且斗志昂扬

完成一次精彩的电梯演说是赢得被听权的有效途径。是否有勇气与是否愿意使用电梯演说是完全不同的两回事。如果你想赢得被听权，你要有创意，还要有一点点斗志。那么什么是斗志？富有斗志意味着明知要承担一定风险，你也愿意站出来走到客户面前，去争取一次时间更充裕的面谈机会。尽管有潜在风险，你也心甘情愿为自己也为公司鼓起勇气奋勇向前，这是你的职责所在。我的好朋友亚娜·斯坦菲尔德是主题音乐会有限公司的词作家，她把这种理念写进了歌词："如果再勇敢一点，我将怎么做？"

即使有些美梦注定成真，你也需要做些什么才能实现它们。就算 500 万元大奖从天而降，你也要先买张彩票才可能实现啊。在做电梯演说时，你要富有创意，保持斗志，认真想想自己的目标及如何实现自己的目标。成败往往在你开始有所行动的那一刻就已成定局。保持高昂斗志意味着你不能坐等天上掉馅饼，要主动做些努力，实现目标。

我一直相信每个人都有勇于拼搏的一面，我们需要展现出自己的这一面。斗志昂扬的心态并不能确保你能够成功，但至少可以让你在工作中获得乐趣和感到兴奋。如果真的成功了，你会为自己的"壮举"感到自豪。

保持斗志、敢于冒险在成功之路上是必不可少的。你已经学习了如何创作精彩的电梯演说，你一旦抓住机会去使用它，就意味着离目标更近一步了。通过电梯演说，将你的创意和斗志展现给客户，为自己赢得被听权。一旦成功，你将站在客户面前做更加翔实更具说服力的演说，为自己争取新机会。

塑造自己的独特风格

在争取被听权时，创造力是十分关键的。无论是电梯演说还是传统演说，有自己独特的个性和风格都很重要。不能过于偏激鲁莽，但也要展现出真实的自己。人们愿意听你的演说是因为喜欢你的个性和风格。大家喜爱的电梯演说应该是引人入胜的，真实可信的，乐观向上的，轻松愉悦的。

你可以在演说中融入各种创意，比如像做常规演说那样，加入一些故事和奇闻逸事。你能想到的让演说更加精彩瞩目的点子都可以用上。你要达到效果，就是在演说结束时所有听众都发出赞叹："哇，一切都太棒了！如果可以的话我们约个时间再聊聊吧，我想对你们公司有更多了解，看看我们能够以怎样的方式展开合作。"

迪士尼的烛台

我想用一个例子再次说明，一个有效的电梯演说能够发挥多大作用，一点点创意能够带来多么神奇的效果。这是我自己的真实经历。通过电梯演说，我成功说服了出版商对我的一本书给予再版，而他们曾认为我的那本书毫无前景。这全要归功于好友的金玉良言和我自己甘愿冒险的勇气（顺便提一句，下面这个方法有助于你与现有客户开展更多的业务合作）。

我的第二本书《指导》是和弗洛伊德·维克曼共同完成的。这本书出版时我们做了大型公关活动进行推广。我还接受了美国有线电视网络（CNN）和美国广播公司财经频道（CNBC）的采访，我们登上了各大媒体的显著版面。但这本书只过了 6 个月的销售期就无人问津了，销售量并不可观。原因之一是书店没有足够的库存，仅有的几本卖掉后需要花上几周时间补货。我感到十分沮丧，所有的宣传都白白浪费了。万般无奈之下我咨询了一位在出版社工作的朋友，他说扭转局势的唯一办法就是从出版商那里争取更多的支持。而我能够接触的是一位高级编辑。我开始给他寄所有关于这本书的报道，还有我接受采访的录像带，但他一直没有任何回应。我做的所有努力就像是黑洞里闪烁的微光，瞬间就被湮没了，毫无意义。我再次昂起斗志，搜集关于他的所有信息。最后终于发现他信仰犹太教，而且热衷于所有与迪士尼相关的东西。

在我叔叔的帮助下，我定购了一支迪士尼发行的犹太教仪式所用的烛台，而且是纪念珍藏版。拿到货后，我把它仔细包裹好，并附上了一张便条，写明为什么出版商应该再版这本书及应该给予更多市场支持的十大理由。然后把这个礼物连夜送到了出版社编辑室。他收到礼物后不到三个小时，我便接到了他的电话："泰瑞·舍丁，我非常喜欢你寄来的迪士尼烛台，你怎么搞到手的？我还想要一个！"

我简直无法用语言表达当时的心情。努力去做一件事，最后终获成功的那种感觉太好了！在那一刻我知道自己掌握了主动权，于是我告诉他，如果他愿意给我半个小时时间，我就再送给他一个这样的烛台。就这样，我用了事先准备好的电梯演说为自己争取到了机会，成功邀请他听我在芝加哥的演说。最后，出版社真的同意对这本书进行再版，而且书的销量大幅上升。不到6个月，中文译本也出版了而且至今畅销（虽然不是这家出版社出版的）。

后来，有其他作者问我是怎样从出版商那里得到再版机会的。我倒是希望说这本书确实非常好，但实际上这与该书本身好坏并没有太大关系，是因为我在一筹莫展时再次昂起斗志，向出版社展现出我愿意努力工作并发挥创意的态度。

事先准备好一个有趣、有说服力的电梯演说会让你更加自信。为了向前再迈一步，你愿意承担一定风险。高昂斗志会让人显得强势，而创造力则能够缓解你咄咄逼人的气势，如果将它们与精心设计的电梯演说完美结合，就一定能够成功吸引潜在顾客，赢得被听权。

如果你对电梯演说这个概念还很陌生，这可能是因为你从来没有接受过相关培训，也没有考虑过运用电梯演说。也许你还会对自己说"这不是我的做事风格"或"这不是我这一行的做事风格"。也许你已经被目前一些收效甚微却广泛使用的销售技巧给局限住了，你不由自主地想，"其实大家都是这么做的"。

在创作电梯演说时要牢记，你之前的做事方式不一定是最好或最有效的，甚至根本就是错误的。你只是习惯了这种方式而已。要尝试一些新鲜事物，试着从不同的角度看待一切。

香蕉的故事

从新角度看待自己演说是十分必要的。为了说明这一点，我想与大家分享一个我的好朋友约翰·克鲁德尔在立陶宛做志愿教师的故事。约翰是一个职业演说者，在明尼阿波利斯市有一家以自己名字命名的演说公司，主要进行个人成长和领导力及关于青春和家庭问题的咨询。立陶宛之旅结束后他回到了美国，我们一起共进午餐。当他滔滔不绝向我讲述旅行经历时，我问他一路上最令他惊讶的事是什么。他回答说，这一路有很多故事，但是最令他感到诧异的是立陶宛和美国之间不同的习俗，尤其是他们剥香蕉的方式。这是某天他和学生一起吃香蕉时发现的。

"我握住香蕉头，然后从香蕉把拧香蕉皮。但是当我这样做的时候，所有的孩子都开始笑我。"他说。

这时候我打断了约翰，说："等等，可能是我没听清你说什么，你是怎样做的？"

约翰继续说："相信我，我的动作是绝对正常的；我握住香蕉头，从香蕉把那里把皮剥开，正要吃的时候却发现所有孩子都在笑我。我问他们在笑什么，他们说，'你剥香蕉的方法是错的！'

"这时，一个立陶宛的参事走过来坐在我旁边，我问他为什么孩子们都在笑我。

"他说，'你剥香蕉的方法错了。'

"我很惊讶，说，'愿洗耳恭听。'

"然后我就问他该怎样剥香蕉，这个参事说，'大自然为我们指出了一条捷径。实际上，最容易剥开香蕉的方法就是从香蕉头小尖端开始剥，与你刚才的方向正好相反。你只要掐掉香蕉头上的这个尖，香蕉皮就自然分开了。当你剥香蕉皮的时候，里面的香蕉线也会一起被剥下来。'"

"你一定是被耍了！"我对约翰说。

听了约翰的故事，我非常想马上试试这种立陶宛式的剥香蕉方法。

我回到家从厨房里拿出一根香蕉尝试了一下。太不可思议了！它确实是剥香蕉的好方法，省力又干净。

我给约翰打电话问他：“为什么之前没有人知道这种方法呢？”

他说：“什么意思？”

我解释说：“我只是很奇怪。我们生活在美国，不可置疑这是一个非常先进的国家，我们总是走在科技发展的最前沿。你会想到我们在这样的事情上落后了吗？”

“这确实令人惊讶。”他回答，“一直以来，我们用一种方法做一件事，而且我们想当然地认为，因为每个人都是这样做的，因此，这就是最好方式。然而事实是，即便是在剥香蕉这样简单的事情上，我们也总是能够学到其他方法来做得更好一些。”

这个故事说明，人们不必总用自己习惯了的方式演说，甚至不需要用和别人一样的貌似专业的方式。最普遍的方式往往会最终变成最令人厌烦的方式。为什么不尝试一些新方法使演说变得有趣呢？设计一个新颖有趣的电梯演说，并勇于抓住合适时机使用它，你就能够成功吸引听众，赢得被听的权力，最终争取到更多机会。

本章小结

- 有效的电梯演说能让听众对完整演说的内容和风格有初步判断。
- 有些学校确实在运行的电梯中对学生进行电梯演说训练。
- 富有创意和斗志能够帮助你得到更多的电梯演说机会。
- 电梯演说在诸多场合都能发挥作用，比如面试或竞聘、交流会、慈善活动、社区会议等。
- 一个精彩的电梯演说应当是内容新颖有趣，结构严谨且有说服力的。
- 如果你希望通过电梯演说拓展顾客，一定要多加练习且设定目标。

下章提示：在下一章，我们将讨论如何对电梯演说和传统演说进行评估，从而让你听起来像一个真正的职业演说者。

第13章 如何进行自我评估

自我认知是自我提升的开始。

——西班牙谚语

在这一章，我会给大家一个“演说评估表”，你可以对照上面的内容分析自己或是员工的演说技能技巧，从而更有针对性地作出改进。

进行自我评估的最好方式就是打开家里的摄像机，邀请一位朋友做你的听众，对他进行演说。但我知道很多人一想到摄像机就开始恐慌。所以在我们开始讨论演说评估标准前，先解决一下如何克服紧张情绪的问题。

有人跟我说：“泰瑞，不管是面对听众还是镜头，我一说话就紧张。逻辑清晰重点明确，内容中融入奇闻逸事、笑料和戏剧性情节让整个演说生动起来，这些我都清楚。但每当面前摆架摄像机，我就不由自主地紧张起来。”别担心，这种反应再正常不过了。

紧张情绪的不良影响

许多人认为，在所有令人恐惧的事情中，做公开演说简直可以和遇到坠机事件相提并论。看到有的学员在录像训练时的紧张，我都快崩溃了。有一次训练中，录像刚启动，一位女士就开始大哭，还有一位男士更夸张，我都怕他心脏病当场发作。的确，人们对公开演说的反应不一，有些人的恐惧情绪格外强烈。但请相信，即便是冷酷无情久经沙场的政客在演说前也会感到紧张。关于演说时的紧张情绪，你要记住两点：第一，这是非常正常的反应；第二，只要演说，紧张情绪就不可避免。

如果你参加过运动比赛就会知道，就算你是头号种子选手，赛前仍旧会感到不安。就是这样，最优秀的人在面对竞争时也会紧张焦虑。而销售演说的本质是竞争，所以紧张也是必然的。但是，事前准备越充分，演说时就越放松。

下面我们探讨一下紧张情绪表现的症状和产生原因。紧张一般表现为如下症状，如喉咙干燥、掌心潮湿、胃部痉挛（甚至恶心）、呼吸急促、双腿沉重。还有就是，看看镜子中的自己是不是脸红了，那是毛细血管扩张的表现。

有些人紧张情绪更强烈

一些人在人前讲话时紧张情绪会比其他人更加强烈，我们称这些人为高交流恐惧者。相对于高交流恐惧者，另一些人面对公众时会放松一些，我们称他们为低交流恐惧者。

性格差异注定了每个人面临同样情形时的感受不尽相同。前面例子中提到的那种高交流恐惧的极端个体也许应该自问，自己真的适合做销售吗？不是所有人都能够逐渐适应在公开场合演说的，有的人或许连一对一销售也无法从容面对。这就是为什么一些人选择了与他人打交道少的职业。

想要克服演说时的紧张情绪，最重要的是让自己多尝试在公开场合发言，并有意识地运用本书给出的技巧，然后观察自己紧张焦虑的情绪是不是慢慢消失了。大多数人是会逐渐适应这种压力的，但绝不是所有人。那位在我们的训练中崩溃大哭的女士或许也会渐渐克服如此强烈的反应，但比那些低交流恐惧者来说，她面前的路会更长更艰辛。

把紧张埋在心里

演说前向别人倾诉自己的紧张情绪毫无意义。只要你不说，听众是不会知道你很紧张的。他们看不出你紧张，所以你不让他们知道他们就不知道。如果你觉得说出来会舒服些，那就等到演说后再说吧。告诉听众你很紧张会使他们不信任你。他们也许会认为紧张是因为你能力欠佳。因为人们通常认为，紧张的反义词是自信，而自信是对自己能力的肯定。

控制紧张情绪的“七做七不做”

下面列举了帮助你控制紧张情绪的“七做七不做”

七做：

1. 从容面对；
2. 转移注意力；
3. 变换姿势；
4. 调整语音语调；
5. 可以有肢体语言；
6. 勇于自嘲；
7. 口齿清晰，放慢语速。

七不做：

1. 倾诉你的紧张情绪；
2. 表达歉意；
3. 陷入恐慌；
4. 来回踱步；
5. 双手抱胸；
6. 摆弄钢笔或纸张；
7. 匆匆结束。

记住，你感到紧张是因为你身处压力之中，而身处压力之中是因为你在进步。常言道：“一分耕耘一分收获。”倘若没有紧张不适的感觉，你就不能突破极限，也就无法成长。

紧张的七大原因

人们在演说时感到紧张的原因是多种多样的，我们在这里列举了一些显而易见的原因：

1．准备不充分；

2．对自己整体缺乏信心；

3．对自己的某项能力缺乏信心；

4．害怕失败；

5．担心自己难以胜任；

6．担心场面尴尬；

7．害怕自己得不到认可。

但试想一下就会知道，抛开这些因素，我们的紧张情绪依然存在。当挖掘更深层次原因时我们发现，紧张是因为我们清楚地知道接下来的演说对交易能否达成有着举足轻重的作用，因此在这些重要客户面前会格外紧张敏感。

我们可能都体验过在比赛前那种既害怕失败又渴望成功的纠结感受。毫无疑问，演说也是一样。

教授的讲座

当我在加州州立大学长滩分校读研期间，有幸听到一名客座教授关于“演说交流”的讲座。他向我们介绍了他的一项研究，是有关公共演说中的恐惧和焦虑情绪的。他发现，人们在演说或是表演时，体内的肾上腺素会直线上升。根据他的研究，演说时肾上腺素的释放量是惊人的，也只有在你和恋人卿卿我我时才能达到与其比肩的程度了。研究表明，当你做一个重要演说时，肾上腺素的激增程度堪比性冲动时（所以感情生活不如意时，也许你可以多做几场销售演说来弥补）。同样是紧张，区别在于你对演说前的焦虑不安会不知所措，但知道与恋人亲热前的紧张情绪该如何释放。因此，我们也可以学习如何恰当地引导和释放演说前的紧张情绪。

成功至关重要

需要重申的一点是，演说时你是否紧张并不重要，重要的是你的演说能否成功。而坦白告诉听众你很紧张可能使你的成功受阻。所以无论是想要签下一纸合同，还是敲定下一次会面，或是说服听众为自己投上宝贵的一票，正确的做法应当是尽最大努力争取最好结果。

听众决定你的演说是否成功，所以你要完美表现，赢得他们的掌声。我说的完美表现意味着你的演说要自然流畅，对演说的内容、氛围、时间，还有听众都有绝对把控。所以，最重要的是你要掌控全局。

成为完美演说人

在培训中，我看到有些学员做演说时十分草率随意。原因有几个。

第一个原因是他们不在意。就像要去海边度假放松时，我们并不在意自己看起来是什么样子。但很遗憾，你是否用心听众一目了然。当你不用心时，演说中的一字一句都是在告诉听众，"我不在乎浪费掉你们的时间"。

成为一位表现完美的演说人首先要有强烈的意愿，这就意味着你必须在乎听众是怎样看待你的，无论下面坐着一个人还是 100 个人。

人们在演说时表现欠佳的第二个原因是他们不清楚自己应该怎样表现，也不知道自己现在表现如何。他们没有意识到自己现在糟糕的地方，也不知道通过改进可以变得有多好。这就是"演说评估表"的价值所在，你可以对照上面的内容，分析评价自己现在的表现，然后制定目标改进不足。

第三个原因是人们往往没有使用正确的方法进行足够的练习。在学习理论的同时多加练习，再配上进步的意愿，听起来是不是很熟悉？当然，这是要想达到任何有价值的成果必备的三要素。

我们要正视这件事，做好销售演说是一件具有挑战的事，如果不是这样的话每个人都会去做了。而我们愿意接受挑战成为职业销售人员，是因为可以通过使用这些演说技巧提高成交量（收入当然也就随之增加），并说服听众认同和采纳我们你的想法。通过使用书中介绍的这些方法技巧，你可以有显著进步，成功做到这些。

真正出色的演说人具备一个共同特质，那就是有魅力，是一种只有在他人面前才能够展现出来的魅力。这种魅力源于自信，而自信是因为他相信自己对正在进行和将要发生的一切都了如指掌。对思路、声音及外表的绝对掌控让演说人自信而优雅。而这一切都只有通过不断练习才能达到。

无论是通过专业训练还是自学，坚持进行礼仪学习也能使你在演说中表现优雅。这里有本不错的指导书推荐给大家，是瓦莱丽·格兰特所著的《简明商务礼仪》。

下面列出了21条要点，帮助你成为更加完美出色的演说人：

1. 相信你所说的和你所代表的一切；
2. 制定目标；
3. 制定最好的方法；
4. 练习时为自己计时；
5. 精心设计引言部分；
6. 为整个演说整理出一个富有逻辑的纲要；
7. 在内容中加入笑料和奇闻逸事；
8. 选取与听众相适合的支撑材料；
9. 清楚地概况信息；
10. 鼓励听众参与互动；
11. 确保引用论据和数据都严谨精确；
12. 声音富有感染力；
13. 分析听众的态度和需求；
14. 做一个让听众意犹未尽的总结；
15. 演说节奏张弛有度；
16. 口齿清晰；
17. 展现出你开朗热情的一面；
18. 结构清晰明确；
19. 严禁过分吹嘘，采用对话交流的方式而非强势灌输；
20. 词汇丰富；
21. 为自己找一个演说榜样。

使用演说评估表

当你用摄像机记录下自己演说或请朋友来充当听众时，都可以使用下面给出的演说评估表对自己的表现进行评价。也尝试着用它去评价别人的演说，这样能使你对评估表的内容更加熟悉，对出色的销售演说中的精彩之处更加敏感。为你自己下一次演说做一下简单的自我评估吧。在你面对客户或潜在顾客时，是否犯过评估表中所列举的错误？你意识到自己演说中存在不足之日，也就是改正之时。通过努力你会变得更加自信优雅，演说也会更具说服力。最终，你呈现出的每场演说都将是精彩绝伦的。

如果你只是相对自己的演说进行改进，那么用摄像机记录下自己的演说。如果你没有就去借一台。认真观察审视自己在演说中的表现，以专业演说人的角度使用“销售演说九大错误评估表”对自己评价。

如果你是一位管理人员，希望通过“销售演说九大错误评估表”(见表 13-1) 对团队成员的表现进行评价和改进，请让每一位团队成员做一次演说，可以是只有你在场，也可以让其他小组成员或是整个团队都参与进来。请每一位听众用“销售演说九大错误评估表”评价演说人的表现。如果有的团队成员比较敏感，无法接受这种方式，也可以让他们自己将演说录下来，然后对照评估表对自己进行评价。

表 13-1 销售演说九大错误评估表

	圈出得分									
	不是				→					是的
错误 1：临场发挥										
1．演说人是否进行了精心准备而不仅仅是临场发挥	1	2	3	4	5	6	7	8	9	10
2．演说人有没有使用创造性的方法吸引听众	1	2	3	4	5	6	7	8	9	10
3．演说人是否按照提纲进行演说的	1	2	3	4	5	6	7	8	9	10
4．演说正文中是否涵盖了引言中提到的所有要点	1	2	3	4	5	6	7	8	9	10
评论：________										

续表

	圈出得分 不是 → 是的
错误 2：信息量太大说服性太差	
1. 演说人是否有给出有说服力的案例，还是一味地提供信息	1 2 3 4 5 6 7 8 9 10
2. 演说人提出的每个论点是否都有论据支撑	1 2 3 4 5 6 7 8 9 10
3. 演说人能否让你相信他是市场中的佼佼者，能够满足你的需要	1 2 3 4 5 6 7 8 9 10
评论：______	
错误 3：时间分配不合理	
1. 演说人是否有效地使用了演说时间	1 2 3 4 5 6 7 8 9 10
2. 演说人是否做到了既没有超时也没有早早结束	1 2 3 4 5 6 7 8 9 10
3. 整个演说时间分配是否均衡，有没有因为在前面花费太多时间导致匆匆结尾	1 2 3 4 5 6 7 8 9 10
4. 演说人是否遵循了下面这个基本大纲 • 引言。 • 正文： 要点一 要点二 要点三 • 总结。 • 结尾。	1 2 3 4 5 6 7 8 9 10
评论：______	
错误 4：支撑材料不充分	
1. 演说人是否提供了充足的支撑材料来增强演说的可信度	1 2 3 4 5 6 7 8 9 10

续表

	圈出得分									
	不是				→					是的
2. 演说中是否加入了趣闻，类比，证明，假设等使演说可信而有趣	1	2	3	4	5	6	7	8	9	10
3. 演说人是否为自己的观点提供了可信的论据	1	2	3	4	5	6	7	8	9	10
4. 听众是否相信演说人	1	2	3	4	5	6	7	8	9	10
评论：________										
错误 5：不能达成交易										
1. 演说人是否有明确的结尾或呼吁听众有所行动	1	2	3	4	5	6	7	8	9	10
2. 整个演说是否兼具信息性和说服性	1	2	3	4	5	6	7	8	9	10
3. 演说人是否在结尾前作出总结	1	2	3	4	5	6	7	8	9	10
评论：________										
错误 6：太过无聊										
1. 演说是否引人入胜且印象深刻	1	2	3	4	5	6	7	8	9	10
2. 演说是否能够让听众全神贯注	1	2	3	4	5	6	7	8	9	10
3. 演说内容是否满足听众的特定需求	1	2	3	4	5	6	7	8	9	10
4. 演说人是否充满活力热情洋溢	1	2	3	4	5	6	7	8	9	10
5. 演说人是否用词准确且能够很好地控制语音语调	1	2	3	4	5	6	7	8	9	10
6. 听演说时你感到无趣了吗	无趣									并不无趣
评论：________										
错误 7：过于依赖视觉辅助										
1. 演说人是否有效地使用了视觉辅助工具？这些辅助工具是否真的为演说内容提供了视觉补充	1	2	3	4	5	6	7	8	9	10
2. 视觉辅助工具是否使用适度，有没有喧宾夺主	1	2	3	4	5	6	7	8	9	10
3. 你是否能够读懂幻灯片上的内容并理解它们是如何突出重点的	1	2	3	4	5	6	7	8	9	10
4. 这些视觉辅助工具是否为演说锦上添花	1	2	3	4	5	6	7	8	9	10

续表

	圈出得分									
	不是				→					是的
5. 是否很好地把控了技术层面的问题	是的									没有
评论：										
错误 8：肢体语言不当										
1. 演说人表现得是否自信而坦诚	1	2	3	4	5	6	7	8	9	10
2. 演说人是否有令人分心的肢体语言	有									没有
3. 演说人是否与听众保持了眼神接触	1	2	3	4	5	6	7	8	9	10
4. 演说人的肢体语言是否弥补了语言传达不到位的信息	1	2	3	4	5	6	7	8	9	10
5. 如果演说人使用了提示卡片，他是否避免了听众被这些卡片分散注意力的可能	是									否
6. 演说者是否使用了恰当的肢体语言从而更好地与听众进行互动	1	2	3	4	5	6	7	8	9	10
评论：										
错误 9：着装不得体										
1. 演说人的着装是否大小合适、颜色协调且具有一定品位	1	2	3	4	5	6	7	8	9	10
2. 演说人是否衣服整洁鞋子锃亮？总之，他准备好“闪亮登场”了吗	1	2	3	4	5	6	7	8	9	10
3. 演说人的着装是否符合所有行业特点，是否与观众协调	1	2	3	4	5	6	7	8	9	10
4. 演说人的着装是否适合此次演说	适合									不适合
评论：										
如果是评价一次电梯演说，请继续完成以下内容：										
1. 演说人赢得被听权了吗？	1	2	3	4	5	6	7	8	9	10

续表

	圈出得分 不是 → 是的
2．你愿意给演说人做一次更加翔实完整的演说机会吗	愿意　　不愿意
评论：________________________________	
	总分________ 平均分________
	（平均分：用总分除以所回答题目总数 41 或 39）
演说总体怎么样	
评论：________________________________ ________________________________ ________________________________	

本章小结

- 对演说进行自我评价能帮助你认清自己在内容及表现形式中的长处与不足。
- 感到紧张很正常。记住，只要做好充分的准备工作并加以练习，紧张情绪是可以得到有效缓解的。
- 回顾“21 条要点打造精彩演说”能够帮助你专注自己的演说目标。
- 包括本章的演说评估表在内，是用来帮助你识别并避免销售演说的 9 大错误的。它也可以帮你创建一种成功演说的持久模式。
- 放轻松，享受学习过程，并记住——你能做到！

下章提示：你可以通过销售演说九大错误评估表的内容和标准，对自己的演说效果进行评判，你也学习了如何增强演说的说服性，从而使听众购买你的产品服务或是理念的方法。现在让我们进入最后一章来总结和回顾一下你所学的东西吧！

第14章

智慧珍珠

伟大的销售故事与启迪

悲观主义者从未发现宇宙奥秘，从未航行至未知土地，也从未为人类心灵开辟出一片新视野。

——海伦·凯勒

下面是一些杰出人物的故事和访谈。通过这些故事和访谈，我们会进一步理解本书所探讨的理念。这些都是销售过程中真实发生的故事和案例，极具挑战性却最终获得成功。故事中的主人公还与我们分享了他们成功后的感悟、见解与启迪。

感谢他们慷慨地与我们分享了自己的故事，也感谢他们对自己如何运用《销售就是一场演说》中的方法达成交易给出的阐释。格雷格·戴尔在销售主要软件包时充分展现了自己的活力和热情；杰瑞·安德森完美地运用了书中所有技巧，从一名咨询顾问成功地转到他的客户价值3亿美元的地产公司里，成了一名总裁；传奇演说人、职业销售培训师布莱恩·特雷西探讨了如何用一场有说服力的演说成功获得风险投资；出色的演说人、金融咨询专家洛葛仙妮·艾默里奇告诉我们向听众提问从而更了解他们的重要性；斯科特·弗里德曼十分擅长幽默诙谐风格的演说，他向我们讲述了他是如何运用幽默和创造力成功接触到潜在客户的。

格雷格 · 戴尔的故事

格雷格 · 戴尔是我的客户也是好朋友，他销售一款为大公司印刷需要提供解决方案的高级电脑软件。在销售过程中，他需要向公司各级管理人员进行演说，整个销售过程十分冗长。格雷格非常熟悉销售人员常犯的 9 大错误，并努力提高在激烈竞争的企业界卓有成效的说服性演说技巧。然而他发现，即使他严格遵循书中指导，按照所有基本准则去准备演说并展示给握有决策权的重要客户，有时依然无法促使客户决定购买，尽管客户手里每月都有成千上万美元的预算额度。

一次很偶然的机会，格雷格发现他真正需要改进的地方不是提供一些产品信息，而是要通过在演说中注入活力从而达成交易。通过交流，格雷格知道电脑部门的管理者确实想要他的产品，但需要上级批准。于是，格雷格便学着电影《甜心先生》中汤姆 · 克鲁斯所饰演的杰瑞 · 马奎尔的样子，挥舞着双臂高喊："帮助我就是帮了你，帮助我也就是帮助了你！"（在电影中，杰瑞 · 马奎尔是一位精力充沛的体育界经纪人，当他面对难以说服的运动员时，就是这样干的），古板沉闷的电脑部门一下子活跃起来，办公室中所有人哈哈大笑，他们立即保证一定争取到上级批准。这一不照常理出牌的举动之所以能收到这样的效果，是因为格雷格愿意付出努力克服困难，为该部门注入活力，让客户觉得自己再不做点什么来促成交易，都有愧于他的付出。他们已经与格雷格接触了一段时间，所以一定要帮他完成这笔交易。或许你会认为这太夸张了，但考虑到在冗长销售过程中，格雷格与这些潜在客户之间已经建立了融洽的关系，所以采取这种方式是合适的。格雷格的活力感染了客户，使他们愿意与他及他公司进行合作。记住，人看重的是人而非产品。

智慧珍珠

下面是一些访谈记录。这些受访者都很好地掌握了说服性演说艺术，他们熟悉真正精彩演说的各种技能，都成为了销售领域的专家。就如何在不同销售环境中恰当运用我们前文讨论过的所有演说技巧、性格特质和行为表现这些问题，他们与我（当然也是为了与大家）分享了自己的一些感悟和箴言。从谈话中可以看出，他们所给出的那些成功秘诀对于向潜在客户销售产品、服务、理念、价值观，对于向老板们推销我们自己，都发挥着重大作用。

杰瑞·安德森

第一个采访对象是杰瑞·安德森——科威商用房地产经纪公司前任总裁。杰瑞非常坦诚地向我讲述了他运用高级销售技巧的一些经历。他如何从一名咨询顾问摇身一变成为了一家资产 3 亿美元的房地产公司总裁的故事，是一个教科书式的经典案例，向人们充分展示了一个人是怎样运用说服性沟通技巧，进而成为业内佼佼者的。不光是业内人士能从这个故事中获益，还有成千上万其他人也可以从中得到一些启迪（现在，杰瑞已经是一家国际咨询公司斯佩里经纪公司的现任总裁）。

泰瑞·L·舍丁：杰瑞，以前我们探讨科威商用房地产经纪公司的惊人转变，以及你个人在此次转变中所扮演的角色。今天，我希望你能为我们讲讲整个过程到底是怎么回事，让大家通过你的经历，了解一下你是如何销售你的理念从而让自己职业生涯有了重大转折，同时造就了整个公司的成功。

杰瑞·安德森：我个人认为，科威公司的故事很好地阐明了销售一种理念、一种价值观并奉行这种价值观的重要意义。先简单为大家介绍一下事情背景。1990 年前后，科威房地产集团将其商业地产部分出售给了一个管理团队，剩下的只是民用地产业务。按照当时协议规定，在一段时间内科威集团不允许进入商业地产领域。卖掉的商业地产部分更名为 CB 理查德·埃利斯公司，是如今在商业地产领域强劲的竞争对手。

然而，竞业禁止协议期满后，科威地产集团计划以全新方式重新进入商业地产市场。科威集团的母公司圣达特集团是一个经销商。它旗下有很多品牌，包括 8 个酒店品牌和 3 个民用地产品牌。现在他们想复制这种成功的商业模式重新打造一个商业地产公司。

那么我在其中起到了什么作用呢？我以前在一家房地产公司做到了管理

中层，后来离职是因为公司没有采纳我确信不疑的一个好创意，这真的让我非常难过。所以我决定成为一名地产咨询师，将自己的想法和创意出售给其他公司。我大概做了 8 年，与两三个重要的商业地产公司保持业务往来，也获得了不菲的收入。做一名咨询师的好处就在于，你可以为客户提供你的战略规划和理念，你当然希望客户采纳并执行，但倘若他们不采纳也没有关系，只要你不断向他们提出新的理念，他们就要一直付给你佣金。

成为咨询师意味着你有机会见识到那些被业内所有公司激烈探讨的顶尖想法和理念。实际上，作为一名咨询师，你可以将这些想法和理念重新整合后再卖给他们。接触到业内前沿信息不仅使你增长知识拓宽眼界，你还可以将这些最新信息传递给你的客户。

当科威集团计划重新进入商业地产领域时，聘请我做他们的咨询顾问。于是我向他们建议了一些目前需要完成的事。他们采纳了其中一些建议，另一些根本没有在意。尽管如此，到 1997 年，他们发展了一批特许经营的国际商业地产公司，年收益高达 4 000 万美元。然而，作为他们的咨询顾问，我还是感到失落，因为如果一切都按照我说的来，明明可以做得更好。

科威国际房地产公司在 20 世纪初就已经闻名遐迩，因此其品牌可以说是近百年的绝佳资产，但其母公司却没有很好利用这一点。虽然他们愿意将我的一些想法付诸实施，但让我感到十分困扰的是母公司的价值观。这一次重新打造商用地产公司的行为与以往是全然不同的。过去，公司在市场上占有绝对支配地位，一切以客户利益最大化为目标，它也的确为客户提供了高水平的服务。而我发现公司的这种价值观正在消失。

有一天，出于这样的失落情绪，我去找科威集团的总裁说：“我有个想法，而且我坚信我的想法能够挖掘出公司‘被埋没的精华’。现在，公司每年有近 4 000 万美元的收入，一旦将最具价值的精华部分从泥土中挖掘出来并擦亮打造，科威集团不仅能够重获昔日辉煌，几年后还会有更大发展。”

泰瑞 · L · 舍丁：最初他接受你的想法了吗？

杰瑞 · 安德森：他接受了我的提议，因为我是他的咨询顾问。但他也只当我是顾问而已。于是，我向他展示了一个富有逻辑的幻灯片演说，大致是下面这样的。

科威集团要成为全世界首屈一指的商业地产公司，主要有三个理由：

第一，科威集团是个有着近百年声望的品牌，我们却没有好好利用这一点（他们需要使科威商用地产品牌重现生机）。

第二，科威集团隶属于全球最大的上市公司之一，其母公司是有200亿美元市值的圣特达集团，而我们也没有好好利用这一点（从战略上来看，其母公司圣特达集团的优势、背景、声誉、资产，以及与旗下其他品牌的整合效用，我们都没有充分地利用起来）。

第三，我相信市场上很多人都知道科威这个品牌，如果我们在当地设有服务良好管理得当的办事处，客户一定会被再次吸引到科威，使集团获得更大的收益（为了打造服务过硬的门店，我们要通过提供具有声望的品牌、声誉及支持服务来吸引最好的销售商）。

在做演说的同时，我也提出公司奉行了近百年的价值观在过去取得了很好成果，现在应该对其重要性予以重申。

他们对我要求建议重申价值观的部分表示认同。除此以外，我的演说还有第三部分。做了8年的咨询顾问，我觉得是时候再做些改变了。作为一名咨询师，我为公司提出好的建议，他们付我佣金却不一定执行我的方案。因为咨询顾问没有正式编制，我没有管理控制权。我既无法要求别人去执行我的方案，也无法亲力亲为，只能告诉公司他们应当如何去做。这使我经常陷入有责无权的境地。

所以，在演说的第三部分，我表明自己想成为新公司的总裁，亲自执行自己提出的想法和价值观。如果可以，我愿意做公司的掌舵人。我知道所有竞争对手在做什么，每个公司都正在按照我提出的建议和方向，将自己公司发展得更好。我可以集他们所长于一身来打造科威商用地产公司。

泰瑞·L·舍丁：所以说，你既是在销售自己也是在销售一种价值观和一种理念。

杰瑞·安德森：是这样的。接下来我就要用自己的口才为公司筹资了。首先，科威商用地产公司是一家没有太多基础资金的公司，而我像个年轻且傲慢的家伙在这里指手画脚："现在，第一，你要做好这项任务；第二，你要完成那个工作；第三，你要请我作为这个新公司的总负责人。而且，我需要100万美元和一个团队来帮助我们共同完成。还有，这一切的一切都要在月底前搞定。”你可以看到，说服他们并不是那么简单易行的一件事。

然而，当我向他们说明一旦公司“被埋没的精华”被充分挖掘出来，母公司圣特达集团就会给予资金支持，他们就会看到机会，或许他们会说：“杰瑞，你来和我们一起工作吧，你全权负责，如果需要雇用更多的员工就去吧。按照你的想法做吧，重塑公司长期以来奉行的价值观，我们愿意提供资金。”事实上，他们听完我的演说确实这样做了。

事实证明一切。1997 年，科威商用地产集团总收益是 4 000 万美元，而 1998 年，在我的带领下，总收益激增至 8 250 万美元。到了 1999 年，又增长至 18 500 万美元，2000 年达到近 31 000 万美元。一切都发生在我演说后不到 36 个月的时间里。

泰瑞 · L · 舍丁：他们曾经质疑过或为难过你吗？比如为什么一定要你来做？你是否想过他们很可能会采纳你的观点，但不一定会雇用你呢？

杰瑞 · 安德森：大家总是关心这样的问题。而这是一个先有鸡还是先有蛋的无解问题。当我向客户提出了好的战略规划，他们是否有信心让我去完成？为此我只能想方设法为自己开僻出一条道路。而且我相信他们会给我证明自己的时间，因为我曾是他们值得信任的咨询顾问。还有一件事也帮到了我，就是做公司的培训师时，我得到了来自员工们的高度认可。我曾在他们的会议上做过相关培训，从员工的调查反馈看，他们把我列为最好的演说者！同时我也相信我有足够的能力把在培训室的演说带到董事会上，来销售我自己和公司的价值观。

泰瑞 · L · 舍丁：你说自己在最初演说时提出了三个论点，那么你有没有具体说明如果他们不采纳你的建议会造成怎样的后果呢？比如可能会发生什么糟糕可怕的事情？

杰瑞 · 安德森：在说明他们为什么采纳我的建议的三个主要原因时，我不断地提到如果不这样做的负面影响：“大家都知道，公司品牌已经传承近百年，如果一直让它埋葬在泥土里，只会不断贬值。因为在人们的想法中，公司离原来的样子越远，我们将来可利用的品牌价值也就越低。”

还有就是，商用地产行业的规模有限，代理机构数量也是有限的。如果公司现在不成立起来，这些代理商就会被竞争对手占据。这样一来，又再次提出了他们应该采纳我的建议的部分原因。如果我们在当地设有服务良好管理得当的办事处，一定会有成群客户被再次吸引到科威。显而易见的是，这其中也会有代理商。所以，我提出的潜在危害都是基于一点：随着时间的流逝，我们会失去重现公司往日辉煌的机会，而且市场瞬息万变，人们记忆短暂，我们再不有所行动就只能被慢慢遗忘。我还指出代理商的数量也是有限的，如果我们不在恰当的地区建立办事处，那些代理商就会跑掉。

泰瑞·L·舍丁： 换句话说，等待只能让公司价值下降，然后失去客户，也就是失去收益和市场。

杰瑞·安德森： 完全正确！

泰瑞·L·舍丁： 在你演说之前他们意识到公司存在的问题了吗？还是觉得一切正常？

杰瑞·安德森： 公司领导层是察觉到了的，因为他们知道公司本不该是现在这样，但他们确实没有料到公司后来会发展如此迅速。事实上，我们的董事会主席喜欢把科威商用地产集团的发展比喻为在没有强大资金支持的车库里发展起来的品牌。要知道，一般来说，拥有很多分公司的企业会为品牌发展注入上亿美元资金。但现在没有经过那样的投资，我们也有了一个强大的品牌。而且比他们想象的还要强大得多，发展速度如此之快，超乎所有人想象。

泰瑞·L·舍丁： 当你全身心投入这件事情时，有没有害怕过不能成功说服他们？

杰瑞·安德森： 我害怕是因为似乎只有我看到了这个机会。我感到紧张，想知道究竟是因为自己真的太聪明，别人还没有发觉这个机会，还是已经愚蠢到别人都已经看到机会并确定不会发生，只有我还在满怀期待。

泰瑞·L·舍丁： 你讲出了一个很好的思想斗争过程，因为很多人都会怀疑自己的想法。人们通常想："哇，我有了一个想法，但别人竟然都没有发现，简直令人难以置信。难道是我疯了居然以为自己可以做到？"当你进入一片未知领域时，的确会感到恐慌。

杰瑞·安德森： 这确实是从未涉足的未知领域。做完演说后我就想："要么我就是业内最聪明的人，要么我一定会受挫。"因为做咨询工作每年能赚到

50 万美元，这是一份让我能够应付自如又有成就感的工作，但这种安乐背后是伴随着风险的。

泰瑞·L·舍丁：那么，在演说结尾时，你要求他们做出决定了吗？

杰瑞·安德森：当然，我是职业销售人员，我会主动要求订单。实际上，我还记得在展示最后一张幻灯片时，我双手颤抖着问："我们什么时候可以开始（我用了"我们"这个词——我们什么时候可以开始）？"这暗示着"我现在就要加入科威商用地产公司的团队中——我要参与这次执行"！我的演说通常都是以确定时间来收尾的。

泰瑞·L·舍丁：当完成演说之后，是否又经历了很长的问答时间呢？

杰瑞·安德森：除了关于资金的问题，大家并没有提问太多其他的事情。主要问题就是：

你真的需要这么多钱吗？

为什么我们不先观望一段时间？

为什么我们要雇用技能精湛的服务人员？

为什么我们必须建立起这样一支团队来呢？

做成这件事真的需要我们付出这么多吗？

泰瑞·L·舍丁：当你走出会议室时，他们有没有说，"好吧，我们要再考虑一下，经过讨论再告诉你我们的意见吧"？

杰瑞·安德森：或许这部分是我想要听到的。因为我要离开让我颇有成就感的咨询行业了。在过去的 8 年里，我的企业咨询业务已经做得小有建树，而现在却要离开它进入一个全新的环境，这让我感到有点紧张惶恐。

泰瑞·L·舍丁：这整个过程用了多长时间？

杰瑞·安德森：不到两周。我在 4 月中旬进行了最后一次面试，5 月 1 日就已经确定下来了。

泰瑞·L·舍丁：你认为做成这一切最重要的因素是什么？

杰瑞·安德森：这件事对我来说最关键的因素就是"被埋没的精华"这个类比。当我提出这个词时，坐在桌子后面的两个人突然很感兴趣，身体前倾并感叹道："以前我们从未这样想过。"

相信如果当时我说"未被充分利用的资产"，没有人会在意。但是当我说

“你们拥有一部分躺在泥土里的精华有待打磨，如果我们将它拾起来，好好珍惜，擦亮它，打造它，它就可以有极高的价值”。所有人都接受了这个类比。

泰瑞 · L · 舍丁：杰瑞，在你做咨询师时，我听过你说销售是演说，演说就是销售，二者密不可分。没有出色的演说我们很难销售成功，而没有正确的销售观念支撑论据，演说也就无从下手。你今天所做的工作仍然具有这个特点吗？

杰瑞 · 安德森：这恰恰是我正在做的。我刚刚从法国回来，我们在巴黎开设了一间办事处。至此，我们在欧洲 11 个国家有特许经营商，在以色列有 3 处办公地点。相信我，当你离开你的国土去另一个国家时，你要能够进行销售演说，因为你现在是在别人的一亩三分地上，你必须有能力销售你的想法和价值观。每当我拜访潜在经销商时，都在做销售工作，因为我是在向他们销售我们的想法和价值观。我从事销售工作，这份工作需要具有说服性演说技巧才能做好，而我能够做到。

泰瑞 · L · 舍丁：但是我想，很多人会觉得你是个怪人，明明是科威商用地产公司的总裁，却说自己是做销售工作的，而像你这样的人一般都会称自己从事管理工作。

杰瑞 · 安德森：在不断创造价值的过程中，我无时无刻不在向我的员工，我们提供服务的特许经营办公室，以及与我们合作的相关人员进行销售工作。科威集团是个 3 000 人的大公司，而我每天都在向他们所有人销售。

泰瑞 · L · 舍丁：你有想传达给读者的箴言警句吗？

杰瑞 · 安德森：我想我的箴言就是：“我既不是业内最聪明机智的那一个，也不是最愚昧无知的那一个。”

泰瑞 · L · 舍丁：换句话说，如果你有了一个想法，将它写在纸上，建立坚实的论据，全身心投入地去用一场演说将它展示出来——简而言之，去实现它！

杰瑞 · 安德森：就是这样，去实现它！

布莱恩 · 特雷西

下一位被采访人是布莱恩 · 特雷西，是如今最受欢迎和最受尊重的演说人和销售培训师之一。布莱恩销售培训的语音课程《销售心理学：结尾的艺术》是有史以来传播最广的课程。他写过许多书，包括盛极一时的《超级成就：成功人士法则》（法尔赛德出版社，1995）。在他近期出版的畅销书中，最火的应该是《商业成功 100 条法则》。在成就集团时，我的第一份销售工作就是为布莱恩做销售训练研习班的宣传推广。在此次采访中，布莱恩与我们分享了他是如何看待销售战略的，以及在争取风险投资的路演时要特别注意的事情。

泰瑞 · L · 舍丁：布莱恩先生，首先要感谢您抽出时间与我们分享你的故事。

布莱恩 · 特雷西：不客气，我很乐意与你们交流。你知道的，在我还很年轻的时候，由于找不到更好的工作，被迫开始了我的销售职业生涯。那时，我没有经过任何培训，苦苦挣扎了数月才开始思考："为什么一些销售人员会比另一些更成功？"于是，我开始到处询问其他销售人员，想知道他们所做的与我有何不同，他们也慷慨地告诉了我他们是如何做的。自此，我开始学着提问题，而不是一味地讲话，我开始以一种更职业的方式处理矛盾分歧，而不是用争论解决问题。我还试着阅读一切关于销售的书，足有成百上千本。开始听所有语音课程，参加每一节销售课程。直到这时我才发现：销售是一个职业，是既需要方法也需要实践的一门科学，如果你做了成功的销售人员所做的，那么你会获得同样的回报。反之，没有耕耘也就不会有收获。

后来，我在整个职业生涯中都在寻找和发现这些因果关系。到底是什么使一些人比另一些人更成功？期间，我的销售业绩直线上升，成为了销售经理，并建立一支由来自 6 个国家的人员组成的销售团队。在每一次遇到困难时，我都咨询他人或在书中寻找答案，为什么一些人会比另一些人更成功？

我发现，销售其实是一个非常简单的过程。只要你遵守了它的固定方法和流程，销售量自然会上升。在过去 25 年里，为了解开顾客购买或拒绝购买的原因，我们斥巨资做顾客调查，当然很大一部分是用在我们自己顾客身上。我们共采访了至少 5 500 名顾客，在销售演说前，我们会问他们："你认为会发生什么？你的期望是什么？"在销售后，对那些购买者，我们会问为什么买；对那些不买者，我们也会问为什么不买。

我们发现，即使没有任何销售经验的人，只要教给他们一些简单的方法和必要的流程，他们也能成为成功的销售者。关键之处在于他们能否约束自己严格按照流程去做，其实就是一个从所有人中识别出潜在顾客的过程。这一过程包括询问问题，确定潜在顾客是否真的对你所销售的东西感兴趣或是否能从中获益。而这一步又涉及一系列需要确定的问题，比如：当前，他们是用什么解决问题的？他们是怎样解决的？他们打算怎样做？他们最关心的问题是什么？下一步就是向他们展示你的产品或是服务，告诉这就是能够满足他们一切要求的理想解决方案。这不是神话，只是个简单流程而已。

大部分销售人员的问题在于他们越说越离题，等到他们反应过来，顾客已经开始失去兴趣。让顾客失去兴趣最快捷的方法就是谈论些他们根本不感兴趣的事。

泰瑞·L·舍丁：你谈的这点很关键！我们研究发现，人们不愿意购买某个销售人员产品的重要原因之一就是，他们的演说太过无趣。演说冗长而单调，没有满足听众的特定需要。销售演说的最低要求，就是不能无聊。

布莱恩·特雷西：你发现如果你问了很好的问题，听众也会很认真回答，而最终你就会知道所有你想知道的东西，比如与这个人可以达成交易，那个人不是合适的销售对象。我通常把这称为“医生销售法”。作为医生，经过客户同意后，你先要检查作出诊断，然后再开处方。大致的顺序就是：检查，诊断，开处方。然而很多销售人员在简单寒暄之后就直截了当地“开处方”了。

泰瑞·L·舍丁：现在有一个问题，布莱恩，你现在经营一个非常成功的销售机构，那你认为自己依然是职业销售人员吗？

布莱恩·特雷西：那当然，我每时每刻都在销售。首先，无论是作为专业演说人、咨询顾问还是培训师，也无论是在教室里还是面对成千上万人，我都在销售我的服务、培训项目或课程。昨天，我刚为 400 人做了一次销售演说。通常情况下，我能在十几分钟内售出价值 1 万～2 万美元的课程资料。我采用一种特定方法和流程进行这类销售演说，能让那些刚开始还未考虑购买的听众，在 15 分钟后愿意花费几千美元购买我的课程资料。其中的秘诀在于，我在演说一开始就指出“这些课程对你们工作会有巨大帮助”。然后向他们展示这些课程内容，阐明他们将如何从中受益，以及那些已经购买的顾客获得了什么利益。最后，要求他们做出购买决策。

泰瑞·L·舍丁：您曾说，成功是一件积跬步方致千里的事，但我还是想问一下，您有没有经历过一步到位的重大成功？在超过 30 年的演说生涯中，您一直不断取得成功，那么期间有没有您认为十分关键的重大成功呢？

布莱恩·特雷西：我认为自己从来没有过什么惊天动地的重大成功或是突破。我的成功都是年复一年点点滴滴的小事积累得来的，从未有过大的突破。如果说转折点的话，可能就是科南特集团第一次同意销售我的课程。这件事对我的帮助确实很大，但前提是在这之前，我不断与他们会面、电话沟通、登门拜访、一次又一次对话，最后才说服他们尝试着销售我的课程。现在我们合作十分融洽，因为我的课程确实很畅销。但这并不是什么意外惊人的成绩。

这些年来很多人问我："布莱恩，什么时候才会有突飞猛进的进步？什么时候才会有重大成功？"这些人一定是漫画书看多了。事实上，每个人的职业生涯中都不存在什么重大时刻。想象一下，如果你尝试着做了 100 件事，其中总会有比较成功的事，然后你就会不断重复这件事。就像我的朋友丹尼斯所说："成功从来不是永恒的，失败也从来不是终结。"这是一个持续不断的过程，每一位成功者都是日复一日、年复一年做出来的，没有什么突然迸发的情况。

我曾经雇用过一个完全不惧怕失败的销售人员。他采用循序渐进的方法，从与顾客建立联系保持密切交往，到确定顾客需求，再到作出推荐，最后鼓励顾客勇于尝试。不管顾客明确告诉他多少次他们对此并不感兴趣，或推辞说自己需要考虑一下，他从来没有退缩过。没有什么能够阻挡他进行销售，这一点非常非常重要。

泰瑞·L·舍丁：您的意思是要有不屈不挠的精神吗？

布莱恩·特雷西：对，就是要有这种精神。所售产品越复杂，需要的准备工作就越多，比如背景、计划、演说等。所售产品越简易，需要接触顾客就越频繁，这样才能确定谁是真正的潜在顾客。因此，如果销售的是一款价格高昂的复杂产品，你就需要做大量准备工作。如果销售的是价格低廉的简单产品，你就需要增加行动频率，尽量接触更多人。

泰瑞·L·舍丁：当您在面试他人时，您会特别看重竞聘者销售自己的能力吗？会把这作为是否录用的一条标准吗？

布莱恩·特雷西：是这样的。我认为，成功的销售人员最重要的两个特质是乐观和坚持，而这两点往往是并存的。一个乐观而有毅力的人，一定是不怕尝试而且敢于一次又一次尝试的人，是能够获得更大成功的人，也是能够做成任何事的人。所以我的录用准则就是：态度和性格最重要，其他都可以通过学习获得。

泰瑞·L·舍丁：对于“销售员是天生的，无法学习”这种说法，您是怎样看的?

布莱恩·特雷西：管理大师彼得·德鲁克曾说：“确实有人天生富有领导才能，但这只是极少数，而且他们在做战略规划时与普通人没什么区别。”我想销售人员也是如此。我见过许多以前从事会计、电工、水管工、木匠甚至修理工等工作的人，最后成为十分优秀的销售人员。

泰瑞·L·舍丁：有没有这种销售人员，他们突然蹦出一个主意，让你禁不住想：“上帝，那个家伙的方法太棒了”或“他真的太有创意了”！您有没有被某个销售人员震撼过?

布莱恩·特雷西：事情不是这样的，我认为最好的销售人员具有很强的专业性。他们知识渊博，随和友好。他们花费大量时间做准备工作，对业务了如指掌，也因此浑身散发着自信。正是由于这份自信，无论他们销售什么，都会获得顾客的信任。在一些销售案例中，有些优秀的销售人员甚至还没有来得及开口讲话，人们就在想：不论这个人将要提供什么，我已经感受到带给我的舒适了。

在美国，所有的顾客都会担心两个问题，这也是每位销售人员在一开始就要消除的疑虑。第一是怕被利用，因为人们已经被利用很多次了。他们购买过名不副实的产品，支付过不合理的价格，经受过糟糕的售后服务，购买后才发现更实惠的相同产品，或是更物美价廉的产品。每位顾客从孩童时代开始就经历了无数次上当受骗。他们很后悔，并暗下决心：再也不干这事了。于是当你出现在顾客面前，那些糟糕的购买经历全部会涌现在他们脑海中，而且是那样地记忆犹新。他们与你交流时一直在回忆这些陈年旧事，所以非常担心再次被利用。第二是顾客害怕被强迫、被控制、被劝说购买一些并不需要的产品。

顾客的这两点担心是如影随形的。这就是为什么当你第一次出现在顾客面前时，即便他们对你的产品感兴趣，也会对你有所抵触。因此，最出色的销售人员会通过自己的方法和性格让顾客感到放松并信任他们，消除顾客害怕被利用或是被强迫的顾虑。

泰瑞 · L · 舍丁：您认为在销售人员中存在最普遍的错误是什么？

布莱恩 · 特雷西：所有的调查和研究表明，销售人员最常犯的错误就是还没有弄清顾客的需求和需要之前，就急于开口谈论自己的产品和服务。这像检查身体后不经过诊断就开处方一样。

泰瑞 · L · 舍丁：在您看来，是您过去的销售工作成就了现在的您吗？

布莱恩 · 特雷西：的确是这样的。做销售工作必须要有条理，从计划进行电话销售开始，到准备销售演说，到解决顾客疑虑，到主动要求订单并完成整个销售过程，你要做到百分之百的努力，一点儿也不能疏忽。20 年前我就是这样做的。潜移默化中，现在的我已经跟当时完全不一样了。如今我要感谢那些支持我的人，现在我已经不用再打销售电话了，顾客找我时已经明确知道自己需要什么，只要选择产品就可以了。

泰瑞 · L · 舍丁：我们曾经与一个正准备首次公开募股的人交流过，他必须去准备一场精彩的演说。因为华尔街是个不允许犯错误的地方，你要在很短的时间内通过路演让大家感到震撼惊喜。因此你必须懂得如何销售自己，销售你的公司及你的组织。对于当今这些新创业公司来说，这似乎已经成为一种审查方式，对此您有什么想说的？

布莱恩 · 特雷西：当谈论首次公开募股中的演说技巧时，你要知道现在大家都很忙，所以你的演说要涵盖四个基本问题：首先，是什么（人们想知道你销售的是什么产品或服务）？其次，这对我有何益处？再次，别人有没有做过？最后，我能从中获得什么？在回答了这四个基本问题后，你还要说明需要多长时间能够做成及成功的可能性有多大。无论是否是为首次公开募股准备，一场出色的演说都要将这些问题阐述清楚。任何精彩的演说都要像“电梯演说”那样，开门见山切入重点。然而很多人却花费大量时间谈论这次演说都包含了哪些部分。

首次公开募股的演说也有其自身特点，一些投资公司会将演说时间控制在 12 分钟。这时在外面排队的场景就像电影选角色现场，人们按部就班地进入会议室为上市委员会或风投委员会做一场 12 分钟的演说。这种形式完全不同于我们平时所做的销售演说。但无论怎样，第一步都是要与客户建立融洽的关系，通过提问或聆听确定客户问题和需要所在，并发现客户究竟想要达到什么效果。当然，未来情况是不确定的，这就是差距分析。因此你要向他们展示出你的产品、服务或方案是可以解决他们可能存在的问题的。在做每一步时必须按顺序来。有点像密码锁，即使你知道所有数字，但如果顺序不对还是无法解锁。因此，销售人员一定要严格按照顺序进行。对于一次大的交易，在前两次会议上能建立友好融洽的关系就够了，在第三次会议时双方才开始探讨如何合作问题，探讨一个公司如何帮助另一个公司，有时他们甚至会说自己的产品和服务刚好满足对方的需要。步骤永远是这样的。大量的失败案例表明，如果你不按照这样的步骤进行，不按照顾客的购买方式进行，顾客什么也不会买。

举个例子，在首次公开募股演说中，如果你想要获得风险投资，那些委员会成员的第一个问题会是："你这个想法的盈利模式是什么呢？如果我给你资金，我将以什么方式收回我的投资？"

因此，最首要的事就是要阐明你的产品或服务是独一无二的，人们愿意花大价钱购买，所以你会因此获得高额利润。这个叙述过程是十分清晰的。比如，你打算在网络上提供处方药，这样人们就能够在网上买到与药店相同的药品，价格却仅有药店的一半左右。我们会通过国内的医生和健康护理组织宣传我们的做法，因此将会有 4 000 万 ~ 5 000 万人通过我们的服务来购买处方药，我们的边际利润会是多少。这时就会有人认为，这听起来挺不错。

或者，有些人会提出其他想法，比如卖玩具。他的盈利模式必须非常清晰——每个行业都有其盈利模式，就是我们获得利润的方法。作为投资者，这份利润将会是对承担风险的回报。

第二个问题就是："谁来实现它？谁是管理者？谁来履行你今天所做出的承诺？"你必须说明谁来执行这个想法，并展现出这些人的经历、背景和学历，因为这事关"成功的可能性有多大"的问题。简言之，首先，能赚到多少？——这是盈利模式。其次，成功的可能性是多少？如果你拥有顶级人才，他们可以使理想成为现实。如果顶级人才又有相关领域的成功记录，即便这与他们之前所从事的并不太一样，他们也会成功！

你需要解释清楚的第三个问题就是"需要多久？"你需要多久才能实现盈

利？所以，优秀的首次公开募股演说就是："商业模式，优秀人才，以及如何将投进去的钱赚回来。"

泰瑞 · L · 舍丁：一次优秀的首次公开募股演说一般是多长时间？

布莱恩 · 特雷西：没有标准答案。这就好像在问：一次约会平均需要多长时间呢？没有人知道答案。

泰瑞 · L · 舍丁：有人会说演说需要多长时间取决于各种因素，首先就是对方给你多长时间。

布莱恩 · 特雷西：真的是这样。对方是否会给你 12 分钟取决于你前两分钟的表现，是否会给你两个小时取决于你前 12 分钟的表现。所以，大部分风险投资委员会进行的是全天面试。1 万个企业递交风险投资申请，只有 12 个企业会被选中。很多企业经常因为文案的介绍不够清晰最后连与投资人见面的机会都没有。我这里有一个公司 60 页长的商业计划书，有 98%的内容都是空话套话，你必须像一个侦探一样认真寻找，才能知道这个企业是做什么的及它的盈利模式。而真正好的演说总结出来就是几句话。

泰瑞 · L · 舍丁：我听说那些投资人希望看到蕴藏着宏图大略的长远规划，也希望看到企业的激情，是这样吗？

布莱恩 · 特雷西：他们是在寻找一个能够让好的商业计划成为现实的领导者。一个对做网站充满激情的人，要比一个解释网站工作原理的技术人员，更能赢得投资者的信任。泰瑞，因为每件事最后都要归结到销售。我不断地重复我的这一观点：最终，你必须向人出售一些东西，并从中获得利润。你必须像一束激光一样，聚焦在销售这件事上。所以你要做的就是降低交易成本。要让顾客知道你的改进之处，使交易变得更快、更便宜、更容易购买，并且更有效率。

想要销售一款能够打败现有产品的新产品，必须在三个方面具有优势。这是个很有趣的概念。具体说就是，如果在我购买产品 A 之前正在使用产品 B，产品 A 要在三个方面更有优势我才会购买。那么哪三个要素会使产品 A 优于产品 B 呢？

很多人都认为，"顾客购买我的产品是因为它更好，或者是因为我想让他购买"。但是，你必须列举出三个明显的原因，这就像一个三角形，仅有一个边是不够的。你去问销售人员，他们所销售的产品比顾客正在使用的产品更具优势的三个原因是什么，95%的人对此没有想法。他们提出是质量。但顾客购买不是因为质量。他们或许又会说是服务。顾客购买也不是因为服务。那为什么人们还要购买你的产品或服务呢？大部分销售人员此时就无言以对了。问题在于任何产品都有质量和服务，因此你说质量或服务是购买原因相当于在说，"因为产品装在盒子里面"。但是，所有产品都是装在盒子里的。这并不是购买的理由。

以前你可能会因为产品的高质量而占领市场，但现在，好的质量和服务只是你产品进入市场的一个前提条件。那么我为什么会购买呢？因为更加便捷。这就对了，便捷很重要，因为现在每个人都关心速度和效率。你的产品可以帮助我更有效率，这是我现用产品无法满足的。好的，现在我开始关注到你了。你的产品不仅使用简单，而且价格也比现有产品更便宜。更便捷、更便宜、更易用，拥有这三点，你的产品就能够在高科技产品市场中占有一席之地，企业的成功也就水到渠成了。而失败就是因为不具备这些优势。如果产品的使用没有更简单，反而更复杂了；如果产品价格没有更便宜，而是更昂贵了；如果产品没有让你更便捷，而是由于很难明白更耗时了。任何一家企业的失败都可以归结于这三个关键点。

泰瑞·L·舍丁：如果有人在为自己创业的互联网公司寻找风险投资，他们在演说时也要遵循这三个标准吗？

布莱恩·特雷西：当然，你应该这样说："市场是这样的，然后举出独立第三方机构提供的数据来进行演示和证明。例如，纽约最新调查显示，我们所售产品的个人市场规模大约是 42 亿美元。我们将通过推出比现有市场中任何产品更便捷、更便宜、更简便的产品服务进入这一市场。我们估算，未来两年内我们的市场规模能够达到 5 亿～10 亿美元。按照 50%的利润率来推算，我们这种模式两年内利润大约是 2.5 亿～5 亿美元。"这就是演说中该有的内容。有了这些信息，你的客户一定会说："不要挂断电话，快告诉我你会如何实现它。"

很多人都没有认识到这些要点的作用。我拿到过一份长达 50 页的演说，他一直在围着这些要点绕圈子，但就是没有说出要点。结果，没有人再愿意见到他们，因为大家都不想看这份 50 页的文案。如果连你自己都没搞清楚你的产品或服务为什么更便捷、更便宜、更易用，因而将在现有巨大市场中占据一席之地，就无法向那些持怀疑态度的人解释明白。就像在做“电梯演说”时，你和投资人所乘坐的电梯都已经从八层降到一层了，而你还没有搞清楚自己此行的目的是什么。很多互联网公司对于企业存在的意义都感到困惑，这就是为什么成千上万的商业计划书中只有 12 份会得到面试的机会。

我曾看到过一篇非常好的文章，是关于争取风险投资演说的。文章说，当你要做演说时，你应当不断地完善改进，并做好要做成千上万次演说的准备，因为这很有可能。然而，大多数人会想，我有了很好的想法，只要联系到风险投资人就够了。我去和他们谈我的宏图伟业，他们自然会为我的事业投资。自从 2000 年春天纳斯达克崩盘之后，那样的日子就一去不复返了。因此，你就要设计一个清晰而富有逻辑的演说，要做到连你的孩子或你的员工听了之后都愿意去投资的地步。然后你要一遍又一遍地进行展示，每一次都要用批判的眼光去看待它，然后加以完善。如果你使用了视觉辅助工具或者幻灯片，你可以吸引到那些喜欢用视觉获取信息的购买者或投资者。换句话说，他们如果不看你的演示，就无法获取关键信息。所以，他们必须能从幻灯片上看到清晰的思路和关键信息。在演说中使用视觉辅助工具会让大家看得更直观，接着再用语言向那些喜欢用听觉接收信息的人阐述明白。还有一件事人们常常会忽略，就是你的演说要能够适应会议室所有人接收信息的习惯，因此要兼顾视觉和听觉效果。

泰瑞·L·舍丁：您提到要用批判的眼光看待自己的演说，那么您在评估自己演说时会用到哪些特殊方法呢？或者您会建议别人如何评价自己的演说呢？

布莱恩·特雷西：对演说进行评估时，我和你一样，也会问：“最喜欢哪部分？最不喜欢哪部分？还有什么可以改进和完善的地方？”如果你做销售演说，无论为首次公开募股或仅仅为一个产品，你都可以问：“先生（女士），相信没有产品或服务是完美无缺的，包括我刚才展示的那个，那么您觉得它有什么不足之处呢？”这是所有能挽回客户的最有力的问题之一，是我花重金做了大量调研后才发现的。这几句话可以将听众对你的负面态度扭转过来。“相信没有产品或服务是完美无缺的，包括我刚才展示的那个，那么您觉得它有什么不足之处呢？”抛出这个问题后，只要等待就可以了。这时，潜在客户就会告诉你他们看到的产品缺陷，或是他们对产品持怀疑态度或不感兴趣的原因，这是最棒的事情。通常潜在客户还会告诉你，你要如何才能说服他们购买。

他们会说："我从你的演说中看不到你所说的前景。"换言之："我在被迫消费。"这时你说："这是个关键问题。我没有用我们做过的研究或《财富》杂志上的报道来给你说明这点。关于这点，财富杂志是这么说的……"

记住，销售的一个规则是逻辑成就销售。人们认为销售是一件由情绪主导的事情。就算是这样，也是以富有逻辑为前提的。潜在客户经常说："我完全不了解你的产品，我不确定这是我想要的。"一个好的演说传达出来的信息可以转变顾客的中立或消极态度。

泰瑞·L·舍丁：如果人们想提高说服性演说能力，你能推荐一些可以学习的资料吗？

布莱恩·特雷西：我觉得在形成自己的销售演说方法之前，《高级销售策略》（西蒙·舒斯特出版社，1994）或许是目前关于销售的最佳读物。这是一本平装版，里面真的囊括了所有的东西。

洛葛仙妮·艾默里奇

下一位接受采访的是艾默里奇集团总裁洛葛仙妮·艾默里奇。在这个一直以来由男性主导的传统金融行业中，洛葛仙妮颠覆了许多偏见。同时，她在销售领域也卓有成就。作为一名专业演说人，她开创了一种全新的资源导向型销售模式。她常常在演说前对客户做一个详尽彻底的研究，这是她成功的关键之一。在金融行业，她极负盛誉，深受同行推崇。其中部分原因是她在设计演说前能够从一些重要人物那里获得更翔实的信息，但更重要的是她本人对这些信息的分析和利用，人们认为这是她成功的关键。洛葛仙妮经常说她的专业就是"与高管和领导者们一起激发出员工的工作热情"。

泰瑞·L·舍丁：洛葛仙妮，你是如何进入传统金融行业的呢？在竞争激烈的市场中，又是什么让你认为自己有能力、有自信成为专业咨询顾问和职业演说人呢？

洛葛仙妮·艾默里奇：大学刚毕业时我做了一名信贷员，负责向公司放贷和收款。我开始从事这项工作时，行业内是没有女性做这些工作的。我第一次去参加培训大会时看到，423 人参加会议，其中有 422 名是男性。

泰瑞·L·舍丁：你是唯一的女性？

洛葛仙妮·艾默里奇：是的，我是当时唯一的女性。会议是在日内瓦湖花花公子俱乐部举行的。我不知道你是否有过你根本不属于这里的感觉。我当时的感受就是这样。令人不可思议的是，他们不教如何做销售，而是过分强调让我们用或巧妙或强势的方式去应付各种反对意见。我不断告诫自己："我决不能以这种方式做销售！永远不！"如果我无法为顾客提供价值，那么我为什么要去反对他们的异议呢？

我记得当时回到家里时我很愤怒，发誓我不可能照他们说的去做。恰恰相反，我决心要进一步学习如何"询问好问题进而发现人们的特定需要"这一理论。这正是我多年来一直在做的事。多年以后，我得到一份为一家控股公司开辟银行和证券新业务的工作。从首家银行开业到现在，我们的发展速度及盈利能力均破了全国纪录。而成功的部分原因就在每次通话中。

第一次接电话的是一名叫玛琳的员工，电话那头有人询问我们的利率，她跟客户说完利率后，就挂断了电话。我当时在旁边看到这一切，问她是什么事。她告诉我发生了什么，然后我对她说："听着，我们是家银行，我们需要资金，当有人打电话来询问利率时，这说明他们手里有钱。下一次接电话时，要多问一些问题，以便发现他们需要什么，他们的目标是什么，以及他们想用这些钱做什么。"我建议一起坐下来对这些问题列一个清单。

现在，我在金融服务领域有一半的工作时间是花在了教导人们怎样正确提出问题上。当有人打来电话时，我们会从多方面询问一些问题，然后试着将其从一个利率打探者变成我们的客户。

举例来说，我刚参与了一家位于圣保罗的银行控股公司的业务。我教导他们说，在银行工作的每个员工包括出纳员在内都是持有股份的，因此我们的员工一般都会在这家银行工作较长时间。关于这点我们在提问时就可以有所体现。比如我们会问这样一个问题："商业贷款平均每 5 个月周转一次。对你来说，拥有一个随时恭候且熟知你们业务的信贷员是不是很重要呢？"

一旦我们提出了这一问题，利率就不再是最重要的了，因为我们现在已经知道了他们需要与我们合作的契合点。

我最近参加了一个联谊团体的研讨会。有一位女性谈到，她现在的工作是指导人们如何寻找自己的生活目标，然后找一份与之匹配的职业。她说："我不知道怎样才能把这项业务销售给公司，因为他们认为员工听了我的讲座后会离开公司，所以他们不愿邀请我办讲座。"

我对她说，你需要做的就是向那些公司提问："如果员工步入正确的职业轨道，你就能够使他们发挥出最大作用，他们也可以在成长中享受工作，而不是一想到工作就有抵触情绪并且感到痛苦。想想这件事对你们有多重要呢？"

你一旦提出这样的问题，人们就看到其价值，因为这事关公司盈亏问题。提出正确的问题对工作大有益处，而我们却花了太多的时间在处理异议。实际上，如果你按照正确的顺序问正确的问题，就不会存在异议。你现在已经清楚他们需要什么，他们真正的诉求点在哪里，他们不喜欢什么，然后将你早就知道的适合他们的产品销售给他们就好了。

泰瑞·L·舍丁：所以在演说前你会提很多问题吗？如果你问五六个问题，对方会因为问题太多而生气吗？

洛葛仙妮·艾默里奇：这取决于问题的质量。我认为当你问些情境性问题时，人们很可能会被激怒，比如："你准备在这件事上投入多少钱？你的预算是多少？你打算什么时候做呢？"比如，"您倾向于选择哪个呢？您所面临的挑战是什么？你需要员工应该怎样与众不同地思考？你需要员工应该怎样与众不同地去做事？"人们会说："哇！我居然从来没有想过这些，这是多么好的问题啊！"

因为你提出的问题得到了他们的认可，他们觉得："你教给我如何换个角度思考问题了。"因此，最主要的就是教给人们如何提出恰当的问题。

在我的工作室里有张调查表，我们称为"橙色表"。人们在这里可以接受1~2周的训练，内容就是如何使用这张表，以及知道如何像我一样进行有效提问。我让他们记下客户说的每一个字，这并不是希望他们成为销售天才，而是要他们学会如何解读问题。

我们有一个视频训练课程"突破银行"，这已成为银行业内的必备训练之一。它主要是告诉人们提问的正确顺序是什么。比如，当人们需要进行抵押贷款时，他们首先会问“利率是多少”。然而在抵押贷款中，利率真的无关紧要。因为即使利率很低，还是会因为融资费用、原始成本及各种意外成本等遭到失败。所以仅仅比较利率，就像是将苹果和橙子做比较，毫无意义。一般情况下，最好的利率或许意味着最不划算的交易。

我们告诉员工，从你们口中问出的第一个问题应当是：“你是在寻找最好的利率还是最高的价值？”这是不一样的。人们立刻就会问：“你是什么意思？”

“为了帮您找出最适合抵押类型，您介意我问几个问题吗？”接下来我们就会提出清单上一系列的问题，比如：“您的房子打算住多久呢？”了解这一点很重要，因为人们平均在一所房子里住 5～7 年，但他们却申请 30 年的抵押。

“您想用什么做您最后的抵押呢？”他们会给你些信息。

“您不希望出现什么情况呢？”

“我们不希望房子被放到二手市场卖掉。”

了解这一点，你最好不要说：“我们会在二手市场出售抵押物。”因为你已经知道顾客一定会反对。你先提出问题获得了信息，知道如何去做，反对也就不存在了。

泰瑞 · L · 舍丁：你在贷款行业也使用样板问卷（标准问卷）？还是只在你的工作室这样？

洛葛仙妮 · 艾默里奇：办公室有样板，银行的每个部门我们都有标准样板，在与其他行业合作时，也是教大家如何提出正确的问题。但行业之间是有区别的，因为每个行业有自身的特点，因此基于你从事业务的不同，竞争优势不同，样板问题的设置也必须有所不同。由于我已经从事演说工作很长时间了，人们会习惯性地认为我表现出色。在状态不好的时候我给自己打 2 分，但是人们还是会给我打 10 分。基于这个特性，有个问题也该放在样板问题中，但我没敢这样做（也许有一天会的）。“对你来说持续性有多重要？有些人一直表现很好，你是不是根本不会想到他也有状态很差的时候（一个低水平的演说人是可以搞杂整个会议的）？”

泰瑞 · L · 舍丁：不论是作为贷款人还是直接演说人，你是否面临和他人直接竞争的局面，而上述这些步骤能助你一臂之力，从而打败竞争者成功拿到标书呢?

洛葛仙妮·艾默里奇：基本上是这样。有一次，在一个项目中我是主要发言人，而比我更了解这个项目的人却被分配去做一些不太重要的工作了。“这是为什么？”思考过后我将其归功于我每次演说前提出的那些问题。拿到项目后我很想笑，因为这真的很滑稽。我想：“他们知道我只是个无名小卒，而其他人却都是传奇人物吗？”他们难道忽略了这点吗？我想他们是认为我思考得更深一层，而这恰恰是他们希望自己的员工应该想到的，所以我胜出了。

泰瑞·L·舍丁：我觉得您说的这点非常重要。判断你是不是适当人选的决定因素，在于购买者对你是否认可。所以人们应该勇敢追求更高的人生成就，而不是安于现状。毕竟无论是谁都有可能成为成功的佼佼者。

洛葛仙妮·艾默里奇：没错，在我去年的一个项目中，他们每月都会邀请一个演说人，大部分演说人的薪酬平均在 25 000 美元左右。那时我的市场价并不到 25 000 美元的水平。但是在项目最后我收到了他们的一封信，其内容是：“我们很早就想让女士也参与该项目，但这是有风险的，因为我们不知道市场是如何看待这件事的，因此我们一直在担心和犹豫。事实上，在所有项目中你不仅是做得最好的，而且也是评价最高的。”

我将这归功于提出了正确的问题，在参与项目前，我问了很多关于项目进展状况的问题。等到参与进去时，我已经了解了所有情况，知道发生了什么以及为什么会发生，从历史角度讲了为什么会发展到这个阶段。通过提出问题所了解到的信息，帮助我很好地解决了问题。他们不会关心你是洛葛仙妮·艾默里奇还是未来的美国总统，他们要的是结果。所以，当你提出很棒的问题时，他们就能知道你对自己正在做的事情有一个清晰认知，可以给出他们想要的结果。如果你不提出问题，他们会认为你展示的是一些已经存在或过时的观点。不论是演说、卖豆子，还是其他，没有人想要一些过时的东西。

泰瑞·L·舍丁：他们想要一些定制化的东西来满足其特定需要吗?

洛葛仙妮·艾默里奇：没错，他们想知道能得到什么结果。我经常会问他们一些样板中的问题，比如：“你怎么知道我会成功呢？”很有意思的是，会议策划人总是回答说是通过评估而得。我认为他们不应该是回答这个问题的人，因为 CEO 基本不会在意评估内容，他们在意的是项目结果。如果预算紧张，

CEO 才是决定来年是否采纳该项目的最终拍板人。所以，结果才是最重要的。即便会议策划人找到我，我也总是确保能与其他决策者保持沟通，来确定公司最终想要的结果是什么。

最近参与一个项目的主办方是一家国内最大银行，找我的是会议总协调人。在我看来，这个人很可能并不了解公司的一切，因为他只负责策划会议。因此，我需要与营销人员、人力资源部高管及 CEO（如果可以联系到）电话交谈 15 分钟，问他们一些问题，他都帮我一一联系了。我演说结束后，总裁走过来对我说："你看起来像在这里已经工作了 25 年，对于这家银行你知道的比我还多。至少给人感觉是这样的！"当然，从员工的反馈来看，他们也完全认可我的演说。

你必须要问对问题。你的问题不应当只局限在演说中所涉及的，而是要贯穿整个行业。如果你真的知道顾客看重的是什么，他们理所当然会选择你。即使你说："我了解你说的关于抵押的所有情况，你最好还是去街那头某某抵押公司。"他们会说："没错，但是在这里就很好，因为你刚才告诉了我如何做好选择。"当然也会有个别人真的会去那家抵押公司说："哦，果然很划算。"然而，大部分人只是在寻找能为他们解决问题的人，而这也就是销售要做的一切。

在日内瓦花花公子俱乐部参加会议那天，我所了解的就是"男性模式"。女性在商业领域仍然很少见。我们所做的就是一直在学习男性模式，其销售模式就是不停地推销。女性却更懂得如何拉近客户。我们知道怎样说："这样，让我帮你解决问题，让我看看怎样才能让一切更好。"女性每时每刻都在社交，所以我们更懂得合作而非竞争。

泰瑞·L·舍丁：这是一种更具沟通性的方式吗？

洛葛仙妮·艾默里奇：不仅仅是沟通性，更多是帮助他们得到他们想要的，这其实是多年来妈妈一直在教女儿做的。

泰瑞·L·舍丁：换句话说，告诉我你的需求，我会尽力帮助你得到你想要的，是这样吗？

洛葛仙妮·艾默里奇：没错，我们的社交性使我们从小懂得如何照顾芭比娃娃，长大后照顾他人。那么，我们为什么不利用自己的优势，而要去接受以男性模式为基础的销售培训呢？我们竟然都不知道我们有自己的模式，而且还会达到如此好的效果。我认为，女性模式（这是我提出的，之前从来没有听说过）就是问正确的问题。然后我们说："基于你告诉我的，我有一个这样的想法。"人们会说："好主意！"于是他们就买你的账，就这么简单。

泰瑞・L・舍丁：在你的研习班上，你确实按照这种模式来定位吗？你会将其称为"女性模式"吗？

洛葛仙妮・艾默里奇：不，不会。但是，当做"感谢上帝，今天星期一"的演说时，我谈到了男性优势和女性优势及其彼此间的差异，以及怎样将男性优势转化成女性优势。我用了很长时间、从不同角度研究了这个问题，但很少局限在销售领域。我引用一句心理学家的话，那就是："最健全的男人一定会有女性的一面，而最健全的女人也会有男性的一面。"因此，一个出色的男人也会敏感细腻，有趣而童真，一个出色的女人也可以同样有领导力，坚定而果断，以及具备很好的协调能力。那么为什么不能将这种理念用在工作上呢？我们可以在男性和女性之间找到平衡。

泰瑞・L・舍丁：您还要补充些什么吗？如果说人们在做销售演说时要记住几个关键要素，首先就是"问正确的问题"，那么后面几个是什么呢？

洛葛仙妮・艾默里奇：其实，第一，应该是明确自己的定位，并确保定位的差异性，与市场上任何定位都不同，使得你的潜在客户会反应："哦！这个人就是我们想要的。"第二，根据你对自己的定位提出正确的问题，挖掘出潜在客户为什么有这样的需要。第三，永远做正确的事。我们很多业务都是这么开始的，因为我们会说"你知道吗？我并不是合适人选"，或者说"这并不是适合的产品，或许你需要其他产品"。最终顾客都会再回来找你并使你从中获益。从短期来看你可能会觉得："我们亏了，我们本来可以获得利润的。"但从长远来看，我们总会从各方面得到回报的。而且，如果你将明知不适合的产品销售给客户，客户不开心，你也会为自己的这种行为而难过。你越是做这样不合情理的事情，以后就越是难售出你的产品。第四，在市场中你应当是一个资源提供者而不仅仅是一名销售人员，客户们是为获得信息而找到你的。

泰瑞・L・舍丁：使自己成为资源提供者？

洛葛仙妮・艾默里奇：是的，即使你手中没有产品，也要让顾客有需要时能首先想到你。

泰瑞·L·舍丁：谢谢您，洛葛仙妮。

洛葛仙妮·艾默里奇是《银行家、经纪人和投资代理的高利润销售：高价成交的秘诀》一书的作者。

洛葛仙妮·艾默里奇的名片

洛葛仙妮·艾默里奇

艾默里奇集团公司总裁

明尼阿波利斯，明尼苏达州

www. EmmerichFinancial. com

斯科特·弗里德曼

斯科特·弗里德曼是最后一位受访者，也是一位出色的演说人。弗里德曼擅长主题演说，风格诙谐幽默。他称自己为“激发幽默之人”。斯科特成功的部分原因是他非凡的创造力。他所销售的服务大部分是通过在营销和促销活动中结识客户并保持联系来实现的。为了做到这点，每逢节日他都会向重要客户送出幽默卡片。他的商标是一个有趣的骨头图案。重要的潜在客户每年都会得到两个礼物，其中包括在国庆节时标签上写着“斯科特·弗里德曼为您的生活增添乐趣”的烧烤酱，还有在情人节时一管心形糖和一个有趣的骨头。他最近送出的一个特殊礼物是一双沙滩人字拖，当你踩在上面时，会出现登录他的网站时的动画。弗里德曼最令人难忘故事是，为了能获得爱达荷集团的一次演说机会，他坚持不懈连续多年送礼物，这充分说明了一点：坚持就有回报。

泰瑞·L·舍丁：你是否碰到过这样的情况，它极具挑战性，迫使你亲自出马推销你自己呢?

斯科特·弗里德曼：我做演说已经有十几年了，爱达荷州用水者协会也是我的一个客户，它每年都有项目，但每次都不给我机会。在每个项目启动前，我都会送给他们一张好运卡，即便我没有得到这个项目，我也会在项目完成后再送出一张祝贺卡。这样做了 6 年之后，我开始每年只给他们打一次电话。一年就烦扰他们一次，因为我的原则是，如果你的出现并没有给他们带来益处，那就最好不要打电话。所以我每年只打一次然后告诉他们为什么我会是他们项目的最佳人选。然后我会给他们寄一些搞笑的礼物，给他们留下一个印象：我是一个乐观积极的人。

就这样做了6年后，负责敲定演说人选的负责人找到了我。他让我在协会做演说，项目结束后，他对我说："我不知道该如何感谢你——干得好！谢谢你做得如此出色。"

对于他的评价我有些惊讶，于是我看着他说："难道之前你都不认为我能做好吗？"

他说："实话跟你说，我们董事长真的很担心，因为你没有任何农业方面的知识背景。但是我告诉他'这个家伙已经给我寄了6年东西了，我不能再拒绝他了'。最终董事们喜欢你的演说是个意外。"

在这件事情中，我所做的这些都不是必须要做的，但我尽可能做了一切。我想这可能是在很多互惠法则中比较常见的情况。当你为某人做得足够多时，他们就会想："好吧，或许我真的该给这人个机会了。"

泰瑞·L·舍丁：在寄出那些东西之前，你已经和这个人建立了融洽的关系吗？

斯科特·弗里德曼：如果他只是普通的潜在客户，我不需要做太多，只要能登上他的赠礼物者名单就可以了。如果未来有合作需要，他会与我电话联系的。但如果他与我进行了一次友好谈话，或者主动要求来看看我的视频，或者对我们表现出某些兴趣，让我们觉得下一年度我们是一个可以考虑的候选者，此时对方就属于重要客户，我们必须与之建立起融洽关系。

泰瑞·L·舍丁：你有没有过这样经历，就是你不断与某个客户联系，送给他礼物，然后这个人打电话给你说："斯科特，我们现在也很为难，在你和另一个人之间很难抉择。那么你有什么特别的东西能使这个项目在你手里变得与众不同吗？"然后你就做了一个关于为什么他们要与你合作的演说，有过这种情况吗？

弗里德曼：在演说以前，我最开始是在印刷业做销售。我们失去了一个对我们公司来说价值50万美元的业务。在我工作的第一周，我对该为这件事负责的销售人员说："迪克，你介意我尝试一下去挽回这个业务吗？"

他说："斯科特，你要是愿意做点什么就太好了。"

我想做的就是想让这个客户知道我是谁，于是我寄给他一个吃饭用的叉子和我的名片，并附上一张纸条，上面写着："我们依然很期待您的业务。"一周之后，我打电话给他说："嗨！我就是斯科特·弗里德曼。"

他说："你是送给我叉子的那个人吗？"

我说："是的。"

接着他说："你的做法非常聪明。"

我说："聪明到可以让您和我共进午餐吗？"

他说："没问题。"

于是，我和他一起吃晚餐，我只想知道我们为什么失去了这个业务。事实是，得到该业务的一家新泽西印刷厂的报价只有我们公司的三分之二。我对这个价格持有异议。因为他很喜欢我第一次赠送叉子的创意，于是我又买了一个小型"壳牌加油站"寄送给他，又附上一张字条写着："价格难道比服务还重要吗？"上天眷顾，刚好新泽西印刷厂在发送的更新材料上晚了些，因此他们又回头开始找我们继续合作了。

泰瑞·L·舍丁：那么，你所讲的这些小事就是你在保持业务往来或争取业务时的创意之处吗？

弗里德曼：我认为我做那些是为了让自己与众不同，并和客户产生共鸣。做些与他们产生共鸣的特别的事能够让他们记住你是谁。

泰瑞·L·舍丁：让我总结一下吧：确定潜在客户并做一些有创意的事吸引他们注意，将这二者结合起来，时刻提醒他们你的存，并不断引起他们的兴趣。大部分人会放弃，但你却坚持不懈。

弗里德曼：泰瑞，你最后一句话或许也是最重要的一件事。四五年之后，此时许多人在经过两三次尝试后已经放弃了，但我却仍然把这些潜在客户记录在案，仍然会给他们寄送一些有趣的小礼物。时间长了，客户就会有亏欠感。而且这种做法能够展现出你的智慧和性格，一旦客户看到了这一面，他们选你的理由也许并不是基于你的想法而是你的性格。

泰瑞·L·舍丁：总结一下，你认为在做销售时最重要的是因素是什么呢？

弗里德曼：做销售时的三个要点：首先，以一种区别于常人的独特方式与你的顾客建立联系。其次，要有气度，没有拿到业务时更要如此，因为这会帮助你在未来得到这项业务。最后，与顾客保持联系时，你的出现要给顾客带来好心情，就我而言，那就是礼物一定要有趣。

斯科特·弗里德曼名片

斯科特·弗里德曼，CSP

斯科特·弗里德曼与联盟　　总裁

电子邮箱：scott@funnyscott.com

公司网址：www.funnyscott.com

我希望大家能喜欢这些来自第一线的智慧结晶，在这些真实案例中，他们都运用了《销售就是一场演说》中提及的方法和技巧来达成交易。学习他人是如何将理论运用到实践的，有时候会提升这些理论的价值，因为你明白了那些准则确实有效，而且知道它们是如何起作用的。上述案例带给我们的启迪，很希望你在生活中加以运用，从而让你更加成功。记住这些真实的案例，我们将在最后一章与大家一起回顾销售人员常犯的九大错误及规避方法。

第 15 章

结束语
销售演说的九大错误

到达终点固然值得欣慰，但真正重要的是旅途本身。

——厄休拉·勒古恩

为了确保你已经掌握了关于演说的基本内容和技巧，让我们在最后一章一起简单回顾一下销售人员在做演说时最常犯的九大错误。通过对前面章节的复习，你能够更好地评估自己的表现，在不足的地方做出调整，加以完善。

临场发挥

当你临场发挥时，你的展示往往是东一榔头西一棒槌。故事主线不合逻辑，演示脉络也没有主次顺序。这样的展示无法高效地向别人传达你想要表达的内容，台下那些潜在客户也难以跟随你的思路。而且在这种情况下，你通常会遗漏掉近一半你原本要传达的重要内容，比如一些能够使整个演说变得生动通俗的举例说明。

请花些时间准备并练习使用富有逻辑的演说纲要，以确保演说涵盖了你想要传达的所有要点，且重点明确、条理清晰。最后，请为听众也准备一份纲要，这能够使他们更专注于你的演说。

信息量太大说服性太差

做一次信息性演说比说服性演说容易得多，因为当你只是单纯传递信息而没有说服别人采取行动时，那些潜在客户不会拒绝你。但要知道，教师的工作是提供信息传递知识，而作为销售人员，演说一定要具有说服力。

演说时要学会创造需求而不仅仅是分析顾客需求。在准备演说时你的想法要有前瞻性，预测顾客可能拒绝购买的原因并打消他们的顾虑，不能仅是事后应对。像律师在法庭上论证观点那样，用充足的论点告诉你的客户为什么要与你合作，为什么要与你的公司合作，为什么要现在就展开合作。

时间分配不合理

请记住那个大型出版公司总裁的例子，在向自己的销售人员做秋季新书介绍时，仅用 30 秒简单介绍了每本书的概要，最终整个推介会提前 1 小时结束。他本可以更有效地利用这段时间，对每本书做出精彩详实的介绍，借此来鼓舞和激励销售团队。还要注意的是，如果情况相反，销售人员的演说超时了，台下的潜在客户则会感到无趣，把你的话当作耳边风不去理会，甚至对你占用了他们的时间感到气愤。

首先你要确定有多长时间供你演说，然后在规定的时间里展开你的说服性演说。为了能够准确把控时长，事先练习是必不可少的。你应当准备一个能够涵盖所有重要论点的例子。除此之外你还要知道，如果上场前临时得到要延长或缩短时间的通知，在这个例证中能够添加或是删减哪些内容，从而合理地利用时间。

支撑材料不充分

如果你都无法为自己的要求提供充足的理由支撑，那些潜在客户就不会买你的账。许多人在做演说时，只是提出客户或潜在客户需要采取行动，而没有通过一系列严密的论证告诉客户为什么要有所行动。在面对潜在客户时，你必须能够证实自己所说的话，否则将失去信任。

记得用当前的例子、数据、故事和逸事趣闻支撑自己的观点。无论是从杂志书籍上看到的、还是从访谈或者其他研究成果中得到的，都可以作为你的事实性支撑材料来增强你的可信度，还会使听众觉得你的演说更加生动有趣。

不能达成交易

很难相信，销售人员在演说结束时常常没有结尾。演说结尾是要呼吁潜在客户有所行动，而总结仅仅是对你所说内容的一种概括，与销售无关。很多人不做结尾是因为害怕自己的要求遭到客户拒绝，认为没有结尾就不会被拒绝。

但说服性演说一定要有个明确的结尾，记住要求客户承诺购买或合作，这是你演说的最终目的。如果你拥有大量客户但成交量不高，请问问自己："我做的是总结还是结尾？"结尾会使你和客户达成交易，总结只能使你的潜在客户找各种托辞止步不前。

太过无聊

很多销售人员没有意识到，一个演说如果充斥着大量事实信息和老生常谈的故事，再加上平缓单调、毫无激情的声音，是极其无聊令人生厌的。有时专业销售人员需要常年做同一场演说，演说的内容和语调都是无意识地脱口而出，没有过多思考。在当今这个竞争的市场中，你的演说一定要有趣才能吸引那些潜在顾客的注意力，使他们精神集中。

在演说中加入你的创意！融入你的激情！练习准备时打开录音，听回放时要敏锐审视，注意观察演说进行到哪里时开始出现问题，然后在相应的地方作出改进。无论你只有一位听众还是有成百上千位听众，确保你的演说材料适用于所有听众。

过于依赖视觉辅助

如果单单靠精美的手册、彩色的广告宣传页或是夺目的幻灯片就能将你的产品或服务销售出去，公司就不需要雇用销售人员了。使用太多的视觉辅助工具会给我们带来一种虚假的安全感，我们会认为没有必要用心准备一场演说，因为我们有那么多辅助工具（比如手提电脑），一定会让我们准确无误地朝着既定方向进行演说。这样一来，这些视觉辅助工具就成为了中心，控制着整个演说。

但事实是，你才是主角，视觉辅助工具只是用来配合你的演说！让整个演说变得妙趣横生是你要做的，而不是那些工具，在恰当位置使用这些工具是为了突出重点、强调观点。在演说前反复练习，你要练习如何更好地使用这些辅助工具突出重点，而不是被它们分散了精力。牢记，你是整个演说的中心！

肢体语言不当

有时你的身体会不自觉地做小动作，遗憾的是，在面对重要客户做一场演说时，销售人员经常意识不到身体在做些奇怪的肢体语言。也许就是这些连你都没有意识到的小动作影响你的演说！比如拉一拉领带、捋一捋头发、玩一玩笔帽、随手涂画、走来走去，或是其他任何令人讨厌的小动作都会分散听众的注意力，并且你会给别人留下紧张不自信的印象。演说老手都知道，练习时要对着镜子，反复审视自己的肢体语言。最好是用摄像机录下你的演说，观察自己在客户面前呈现的真实形象。

着装不得体

你在着装上失礼了吗？初次见面时，客户几秒钟内就能够知道自己是否喜欢你，而着装就是他们对你进行评判的部分依据。即使你还没来得及开口介绍自己的公司或是产品，他们就已经打定主意要不要跟你做生意。不同的服装适合不同的场合，有些衣服就是为海滩度假准备的，有些衣服适合穿着去市中心享受夜生活，而商务装是演说时该有的穿着。这些衣服各不相同。

很多告诉人们如何穿出成功的书籍已经过时了，我强烈建议大家结识一位大型百货商场的工作人员作为服装顾问，让他针对不同的场合对衣服的色彩、款式，还有礼仪提出建议，为你搭配出得体的装束。

立志成为一名出色的演说者

在这本书中，与大家分享了一些演说者常常出现的错误及改进要点，希望我不光是让你们学会了这些方法，也激发了你们成为一名出色演说人的决心。在销售演说中，这9大常见错误可能会使你错失良机或是每年浪费掉近万美元，那么问题来了，当你在面对客户或是潜在客户演说时，有没有犯过同样的错误？你只有确切认识到自己演说中的不足之处，才有可能开始改正，最终使你的演说更自信、更缜密、更具有说服力且更连贯流畅。

我写这本书是因为我感到，当一个人学会如何去做一场精彩的演说后，就像拥有了无比神奇的魔法，这种魔法可以为我们带来源源不断的机会。

讽刺的是，经常有人对我说："泰瑞，我的工作和销售不沾边，我不做销售！"但当他们看了我的书后马上改口："噢，我从来没有想到自己的工作和销售有什么关系，但我恰恰就是在做销售。"

"我是个会计，不做销售。"每当我周围有人说类似的话时，我就会坚决地指出，如果你不向那些需要会计的人推销自己，那你就找不到工作，做不了会计。无论你是谁，无论你的职业是什么，你都在做销售，比如有人说自己是个企业家，是产品的发明者而非销售者。那么我告诉你，也许你有全世界最好的产品，但如果没有人买你的产品，你只是世界上最好产品的拥有者，而不是生产者。因为你无法将它们销售出去，就不需要批量生产了。

无论你身处哪个行业，房地产、教育、广告、写作，或是慈善机构，如果没有销售一切都无从谈起。如果你读这本书的时候想："我怎样才能在我的职业、生活和实现人生目标的道路上更进一步？"我发自内心相信，只要你按照书中说的去做了，就能够很好地避免销售人员在做演说时常犯的 9 大错误，从而在生活中更好地展现自己，就会比别人获得更多的机会提升和实现自我。

巴兹·赫鲁曼有首歌叫《记得要抹防晒霜》，歌词中写到，"尽情生活吧，每天都去冒一点险"。我赞同这样的生活哲学，每个人每天都应当尝试冒一点险，比如做个演说。

> 成功是什么？笑口常开、爱心永存、赢得智者的尊重、孩子们的爱戴；赢得真诚的认可、容忍伪友的背叛；欣赏美好的事物、发现别人的可爱。学会无私地奉献、为世界增光添彩：要么培育出健康的孩子，要么留下一块花园，或是改善社会条件；甚至知道一个生命活得自在，因为你的一路走来。这就是成功的内涵。
>
> ——拉尔夫·沃尔多·艾默生

反侵权盗版声明